RAKOTOMAHENINA Nary Todison

LA SAGESSE DES HOMMES ET LA FOLIE DE DIEU

RAKOTOMAHENINA Nary Todison

LA SAGESSE DES HOMMES ET LA FOLIE DE DIEU

Éditions Croix du Salut

Imprint

Any brand names and product names mentioned in this book are subject to trademark, brand or patent protection and are trademarks or registered trademarks of their respective holders. The use of brand names, product names, common names, trade names, product descriptions etc. even without a particular marking in this work is in no way to be construed to mean that such names may be regarded as unrestricted in respect of trademark and brand protection legislation and could thus be used by anyone.

Cover image: www.ingimage.com

Publisher:
Éditions Croix du Salut
is a trademark of
Dodo Books Indian Ocean Ltd., member of the OmniScriptum S.R.L Publishing group
str. A.Russo 15, of. 61, Chisinau-2068, Republic of Moldova Europe
Printed at: see last page
ISBN: 978-620-3-84315-6

Copyright © RAKOTOMAHENINA Nary Todison
Copyright © 2022 Dodo Books Indian Ocean Ltd., member of the OmniScriptum S.R.L Publishing group

LA SAGESSE DES HOMMES

ET

LA FOLIE DE DIEU

Nary RAKOTOMAHENINA

TABLE DES MATIERES

AVANT-PROPOS

1- L'homme est un petit génie! Il trouve toujours de nouvelles inventions. On a même des difficultés à choisir ce qu'il faut acheter avec l'évolution de la technologie des communications.

2- Tout cela est vrai mais si Dieu n'a pas donné à l'homme ces savoirs et ces connaissances, il serait incapable d'inventer quoi que ce soit.
3-Dieu? Dieu n'a aucune place dans la vie de l'homme, pas la moindre.
1-Tu as raison. La vie de l'homme lui appartient, il a le droit de faire ce qu'il veut car il règne sur tous les êtres vivants.
2- Il est vrai que l'homme est le roi de la nature cependant il ne faut pas oublier que c'est Dieu qui lui a confié cette responsabilité.
1- Si comme vous l'affirmez, Dieu est bon et qu'Il n'aime pas le mal. Alors, pourquoi le mal règne-t-il sur terre? Pourquoi laisse-t-il régner les malfaiteurs, les tueurs, les arnaqueurs, les prostituées, les adultères, etc?
2- Cela prouve que Dieu est Amour. Premièrement: Il laisse à l'homme le libre choix-Deuxièmement: Il attend que les hommes reviennent à lui de son plein gré. Aimerais-tu que Dieu t'oblige à croire en Lui? Aimerais-tu que Dieu te punisse ou te tue, ou tue ta famille si tu commets le mal? Accepterais-tu cela ?

Tel est l'extrait d'une discussion lors d'une réunion de famille et elle n'a jamais pris fin.
Tout le monde a exprimé son avis sur la situation actuelle, les réalisations de l'homme ainsi que la place de Dieu dans tout cela.
D'un côté, il y a ceux qui louent l'intelligence humaine, estimant que la sagesse et la connaissance lui appartient et nient l'existence de Dieu et affirmant que même s'Il existait, Il ne sait pas ce qu'Il doit faire.
D'un autre côté, il y a ceux qui pensent que toute chose vient de Dieu.

Tout cela nous amène à analyser ce sujet intitulé: ***La sagesse des hommes et la folie de Dieu.***

Vous aussi, vous avez un avis personnel sur le sujet.

INTRODUCTION

Il existe trois vérités immuables dans la vie de l'homme depuis son existence jusqu'à l'époque actuelle.

Premièrement:

Actuellement, la technologie évolue rapidement grâce aux efforts fournis par l'homme afin de se faciliter la vie et d'accéder à un niveau de vie plus élevé. Presque tous les jours, les industries cherchent à modifier et améliorer leurs produits, cela dans presque tous les pays développés du monde. Pressés par la concurrence, ils essayent de créer de nouveaux produits destinés à séduire les acheteurs.

Deuxièmement :

Cependant, malgré toutes les recherche initiées, il existe certaines choses et procédures établies par Dieu que les hommes n'ont jamais pu modifier, il en est ainsi par exemple, du mode de vie et des habitudes des animaux. Prenons le cas des oiseaux : un oiseau s'occupe de sa propre vie, il crée son propre nid avec ses congénères, il pond ses œufs dans un lieu inaccessible, et il nourrit, prend soin et s'occupe de ses oiselets. Les hommes ne donnent aucun ordre à ces oiseaux pour vivre. La seule chose que l'homme puisse faire consiste à les observer afin de connaitre leur mode de vie. Il en est de même pour la vie des autres êtres vivants.

Troisièmement :

Aucune personne ne peut choisir de venir sur terre, de vivre et de rester sur terre. Si on lui demandait: est-ce vraiment ton choix d'être né, de sortir du ventre de ta mère et de vivre ta vie comme elle est actuellement? L'homme ne pourrait jamais répondre à ces questions par l'affirmative, même s'il possède toutes les connaissances du monde. Il nait, vit sur terre, subit toutes les situations qui apparaissent et pense faire ce qu'il y a de mieux pour lui dans tous les domaines. En plus, il ne peut pas non plus savoir à quel moment il devra quitter cette terre !

En ce qui concerne la première vérité énoncée ci-dessus, grâce aux recherches entreprises, l'homme a acquis des connaissances et des savoirs approfondis et réussit à trouver des résultats concluants; certains de ces résultats étant le fruit du hasard. Cependant malgré toutes ces trouvailles, il existe certains phénomènes que l'homme n'a jamais su comprendre ni expliquer.

Pour ce qui est des deux autres vérités énoncées, l'homme n'a même pas une **once** d'autorité. Tout cela vient de l'autorité du Créateur. Même les savoirs et connaissances que l'homme pense posséder lui viennent de son Créateur. Les avis sont partagés: il y a ceux qui adhèrent à cette thèse mais nombreux sont ceux qui ne sont pas du même avis.

C'est ainsi que l'analyse a commencé et a donné naissance au titre de ce livre :

La sagesse des hommes et la folie de Dieu.

Quelles en sont les causes et les effets ?

Qu'est-ce qui a été déjà dit mais qu'on doit encore savoir ?

Les idées décrites ici ont été tirées des réalités et peuvent être débattues librement. Notre but ne consiste donc pas àétaler les aspects doctrinaux du thème mais de montrer et de démontrer tout simplement l'immensité de l'écart entre la façon de voir de l'être créé, l'homme et celle du Créateur, Dieu.

Le principal objectif est la connaissance de la vérité afin que tous ceux qui la connaissent puissent vivre en paix.

I. LA SAGESSE DE L'HOMME:

1. Le chef d'œuvre de Dieu

A l'Eternel la terre et ce qu'elle renferme,
Le monde et ceux qui l'habitent!

Psaumes 24 :1

La mise en relief du titre de ce livre a commencé par l'observation et la pensée de la réalité et des êtres-vivants. Depuis déjà longtemps que les hommes ont cherché une réponse satisfaisante aux questions suivantes : D'où viennent les êtres vivants ? Quelle est la raison de leurs existences ? Quels sont leurs objectifs ? Mais jusqu' à présent, au XXIème siècle, avec l'évolution technologique, les hommes se divisent en deux catégories bien distinctes : ceux qui croient en l'existence du Concepteur et Créateur du monde visible et invisible, celui que l'on nomme : Dieu ; et ceux qui ne croient pas mais pensent que le monde a commencé par l'explosion d'un petit point et a connu des évolutions pour arriver à son état actuel. Ce phénomène est alors appelé la Théorie de l'évolution.

La raison de croire en Dieu est simple pour les croyants ; comme l'a mentionné quelqu'un un jour : il n'y a pas d'horloge sans horloger.

L'homme recherche toujours une explication plausible à l'harmonie ainsi que les lois qui régissent les relations entre les éléments de la nature. Ainsi, concernant le Soleil, la Lune et Terre, il constate que le Soleil ne se déplace pas mais que la Terre tourne autour de lui et aussi sur elle-même ; dès lors, dans tel pays, il fait jour alors que dans tel autre, il fait nuit. Il en est de même pour la Lune qui tourne autour du Soleil et grâce à ce mouvement, on a pu définir les années, les mois, les dates et les heures que nous utilisons jusqu'à maintenant. L'homme a aussi découvert l'existence des milliers d'étoiles et d'autres planètes. Tous ces astres sont suspendus dans l'univers, sans support mais ne tombent pas.

Les recherches continuent toujours et les chercheurs ont encore découvert des milliers de planètes à part celles qui sont déjà connues.

Ce qui montre que les hommes ne connaissent pas encore parfaitement tout le fonctionnement de ce monde. Que ce soit dans l'univers, en milieu souterrain, dans la mer et même sur terre, même les plantes et les animaux, beaucoup reste à découvrir et des recherches sont toujours en cours.

Les hommes ne savent même pas comment expliquer les lois qui régissent les éléments de la nature et les liens entre eux; ils essayent seulement de trouver leur origine et proposent des lois écrites et simples qui leur correspondent. Ce que les hommes considèrent comme intelligence suprême dans tout cela consiste en la théorisation des lois régissant les relations entre les éléments existants dans ce monde. Ils arrivent ainsi à calculer les heures, les minutes et les secondes du décollage d'une fusée à destination de la Lune et à éviter qu'elle ne soit détruite dans l'espace ou qu'elle n'atterrisse dans d'autres lieux.

Plus le temps passe, plus la connaissance augmente et d'innombrables découvertes ont lieu dans ce monde. Ainsi, l'homme n'arrête jamais ses recherches. Il est admis que de nouvelles découvertes voient le jour mais celles-ci ne sont pas encore épuisées. Et l'homme pense que sa plus grande sagesse et sa suprême intelligence consiste en cela.

Mais quelle est donc la vérité dans tout cela?

Les hommes étudient et approfondissent leurs recherches dans les œuvres grandioses et miraculeuses de Dieu. Et on croit qu'il n'existe aucun chercheur qui ait affirmé qu'il sait tout à propos de ces œuvres et qu'il connait toutes les lois qui les régissent. En effet, ce que l'homme connait, ce qu'il comprend et sa vie sont limités. La seule vérité indéniable est celle-ci : le monde existe et tout est en parfaite harmonie, toutes les créatures occupent si bien la place qui leur a été attribuée qu'il est difficile de croire que tout cela est l'effet du hasard.

2. L'ennemi qui a détruit ce monde

Le sol sera maudit à cause de toi.

Genèse 3 :17b

Croyant ou athée, tout le monde admet que ce monde est splendide. La nature, la flore, la faune, et même les diverses pierres nous font sentir cette beauté. Ces merveilles de la nature sont de toutes les sortes : des rivières qui coulent en divers lieux, il y en a qui jaillissent de la terre, il y en a des eaux thermiques naturelles, plusieurs sont propres à Madagascar ; on cite aussi les forêts denses …, toutes ces richesses naturelles sont admirables et attirent beaucoup de touristes.

Cependant il est communément admis actuellement, que les hommes ont détruit cette merveilleuse nature. Auparavant, on disait que l'homme exploite la nature car il en a besoin pour vivre : comme il a besoin des arbres, des forêts sont abattues. Mais l'utilisation abusive et irréfléchie de la nature a causé des dégâts comme la disparition de la forêt qui à son tour a entrainé d'autres catastrophes. Il en est de même pour les dégâts subis par d'autres espèces naturelles du fait de l'exploitation opérée par l'homme. Beaucoup d'espèces de la faune ont disparu et il n'en reste plus que leur souvenir.

Ainsi les scientifiques incitent les gens à protéger l'environnement à cause de son impact sur la vie humaine. Pourtant si l'on se demandait depuis quand la nature a commencé à être détruite, la plupart n'hésiterait pas à répondre que ceci a commencé depuis l'essor technologique, citons par exemple la construction des grandes usines et des voitures qui polluent l'air du fait des gaz qu'elles dégagent. Est-ce vraiment le commencement de la destruction? Non! Elle a déjà commencé depuis très longtemps : depuis que Dieu a créé la terre et qu'Il l'a mise sous la responsabilité de l'homme, le destructeur est arrivé pour ravager ce monde qui a été magnifiquement créée.

La stratégie concoctée par le destructeur a réussi, et il n'a pas détruit une nature sans raison ; non : en premier, il s'est d'abord occupé de celui qui a été désigné roi et administrateur de la nature : l'homme. Ce destructeur est celui que les Saintes Ecritures appellent démon et Satan. Il est l'ennemi du Dieu créateur qui a créé ce monde pour être MERVEILLEUX selon les Saintes Ecritures (Genèse 1 :31). Cet ennemi est jaloux et mécontent de tout cela cherchant alors par tous les moyens à détruire le chef d'œuvre sublime de Dieu. Ainsi, la dégradation de la nature n'a pas débuté au moment de l'essor technologique mais depuis la création de l'homme.

Toutes les générations successives se sont efforcées d'améliorer le monde au moyen de la recherche de divers appareils utiles. Ainsi, la destruction et l'amélioration des conditions de vie coexistent et ce qu'on pense être une amélioration entraine parfois une destruction, comme ces diverses industries qui polluent l'air qu'on respire. Ainsi, ce que l'homme pense constituer une amélioration de sa condition de vie peut en même temps entrainer sa destruction.

Ce qui est stupéfiant dans tout cela, c'est le fait que l'homme n'est pas conscient qu'il est lui-même déjà détruit et qu'il a alors besoin d'être reconstruit. Il a hérité du mal que les Saintes Ecritures appellent péché. Malgré tout l'effort qu'il peut fournir, s'il n'est pas lavé de ce péché, il ne verra jamais la lumière dans cette vie. La création des divers appareils par la technologie amène l'homme à penser qu'il est capable de trouver des solutions à beaucoup de problèmes de la vie et il s'en vante énormément. Etonnamment pourtant, l'homme n'a toujours pu faire disparaitre les problèmes, ceux-ci ne cessant d'augmenter en nombre.

Les savants qui ne croient pas en Dieu désirent commander le monde par leurs connaissances et leurs savoirs mais ils n'ont pas pu y arriver jusqu'ici. Quant à ceux qui croient en Lui, ils ont déjà rebâti leur vie depuis qu'ils ont accepté le fait que seul Dieu commande le monde et qu'Il souhaite démontrer cela dans la vie de tout un chacun en donnant le pouvoir à Son Fils unique : Jésus Christ. Mais Jésus est également une des grandes causes de division parmi les hommes ; Jésus Christ lui-même l'a constaté depuis le début et il a déclaré : *Ne croyez pas que je sois venu apporter la paix sur la terre, je ne suis pas venu apporter la paix, mais l' épée. Car je suis venu mettre la division entre l'homme et son père, entre la fille et sa mère, entre la belle-fille et la belle-mère* (Matthieu10 :34-35) Ce monde a été détruit depuis longtemps, très peu de temps après sa création, et chacun essaie de le reconstruire à sa manière.

3. La pensé limitée de l'homme

Car il n'y a ni œuvre, ni pensée, ni science, ni sagesse, dans le séjour des morts, où tu vas.
Ecclésiaste 9 :10b

Si on observe les choses inventées par l'homme jusqu'à maintenant qui ont conduit au développement dans tous ses aspects, comme par exemple les soins prodiguésaux patients qui désormais n'ont plus besoin d'opérations comme avant, l'exploration de l'espace pour avoir des images que l'on peut diffuser partout dans le monde, ainsi que tant d'innombrables inventions, on reconnait que l'homme possède la capacité d'inventer beaucoup de choses.

Nul ne peut contester cette affirmation ; néanmoins on ne peut également nier le fait que les connaissances et le savoir de l'homme sont encore limités. Par exemple, la réalisation d'un matériel à l'instar d'une voiture ne provient pas du travail d'une seule personne ; beaucoup y ont contribué et l'ont perfectionné progressivement jusqu' sa forme actuelle. Même le petit rétroviseur a été découvert par un autre individu. Ceci n'est qu'un exemple car presque toutes les choses inventées et utilisées par l'homme ont été améliorées de cette manière.

C'est d'un homme adulte dont nous avons exposé la limite mais en fait cette limite a commencé depuis qu'il est né jusqu'à ce qu'il devienne un adulte capable de mener des recherches. Enfin, cette faculté d'inventer cesse avec le décès car lorsque l'homme meurt, toute activité intellectuelle et toute recherche entamée cesse. La pensée ainsi que la vie de l'homme sont limitées. Il ne peut changer cet état des choses, cette limitation, qu'il croit en Dieu ou non.

4. Croire en Dieu est une folie pour l'homme

Car la prédication de la croix est une folie pour ceux qui périssent

I Corinthiens 1 : 18a

Malgré le fait que dans sa vie sur terre, l'homme ne peut aller au-delà des limites de son intelligence et de sa vie, le nombre de ceux qui nient l'existence de leur Créateur est peu négligeable. C'est pure folie pour eux que d'accepter et de croire en ce Dieu créateur.

L'apôtre Paul l'a déjà su en disant : *Car la prédication de la croix est une folie pour ceux qui périssent; mais pour nous qui sommes sauvés, elle est une puissance de Dieu* (I Corinthiens 1 : 18a) . On ne peut que se rallier à cette affirmation car si on observe bien l'existence et la vie de l'homme, et en connaissant son opinion sur Dieu, on est vraiment bouleversé qu'on se demande : Qu'est-ce qui amène les gens à ne pas croire en Dieu ? Mais la réponse à cette question a déjà été formulée : c'est de la folie pour eux. Paul a également affirmé dans d'autres passages du Nouveau Testament qu'ils ne comprennent ni ne connaissent cela : *Mais l'homme naturel ne reçoit pas les choses de l'Esprit de Dieu, car elles sont une folie pour lui, et il ne peut les connaitre, parce que c'est spirituellement qu'on en juge* (I Corinthiens 2 : 14)
Ces paroles de Paul mettent en évidence la différence entre ceux qui croient en Dieu et ceux qui ne croient pas en Lui.

Il s'agit de la plus grande destruction de la nature qu'on a mentionné auparavant : « le péché » et tant que l'homme n'accepte pas d'être renouvelé et

d'être lavé de ce péché, sa façon de penser ralliera encore les affirmations de Paul : croire en Dieu est une folie pour lui.
Quelle est l'envergure de cette destruction chez l'homme ? Le problème est que l'homme ne se rend pas compte que cette opinion est une forme de destruction en elle-même si bien qu'il s'efforce seulement de trouver des solutions à la destruction de la nature sans reconnaitre la destruction qui existe en lui-même.
Il en a aussi ceux qui admettent l'existence d'autres forces supérieures à la force de l'homme, ils les appellent dieux, les dressent à partir d'éléments naturels, les servent, les acceptent et leur demandent bénédictions et protections. Les Saintes Ecritures les appellent idoles. Paul en a fait le constat : « *et ils ont changé la gloire du Dieu incorruptible en images représentant l'homme corruptible, des oiseaux, des quadrupèdes, et des reptiles* ». (Romains 1 :23). Et il y a des hommes qui, même s'ils connaissent Dieu, n'en tiennent pas compte et que Paul déclare : *puisque ayant connu Dieu, ils ne l'ont point glorifié comme Dieu, et ne lui ont point rendu grâces; mais ils se sont garés dans leurs pensées, et leur cœur sans intelligence a plongé dans les ténèbres.* (Romains 1 :21). C'est ce que l'homme prend pour sagesse. *Se vantant d'être sages, ils sont devenus fous* (Romains 1 :22)
Quand les hommes marchent dans cette voie, n'admettant pas l'existence de Dieu ou n'acceptant pas l'intervention de Sa force dans sa vie alors tout est sens dessus dessous ; et il change la vérité en mensonge;au lieu de servir le Créateur, il sert la nature qui lui été donnée de dominer. « *Eux qui ont changé la vérité de Dieu en mensonge, et qui ont adoré et servi la créature au lieu du Créateur, qui est béni éternellement. Amen!* » (Romains 1 :25)
La terre est remplie de gens qui se prennent pour sages si bien que le monde n'arrête pas d'avancer vers la destruction. C'est le principe qui commande Lucifer et qu'il a déposé dans le cœur de l'homme, devenant par la suite une maladie incurable le rongeant toute sa vie.

5. La connaissance de l'homme ne peut pas atteindre la pensée et la sagesse de Dieu

Autant les cieux sont élevées au-dessus de la terre, autant mes voies sont élevées au-dessus de vos voies, et mes pensées au-dessus de vos pensées..

Esaïe 55 :9

On ne peut nier le développement et le progrès incessants, presque journaliers, dans le monde de par les recherches scientifiques et technologiques. Dans de nombreux cas, ces produits facilitent et embellissent la vie de l'homme.

La médecine en est un exemple frappant car si avant on utilisait la radiographie pour déterminer les maladies, actuellement la recherche a abouti à l'utilisation du scanner. On observe facilement à travers un écran ce qui se passe à l'intérieur d'une personne malade. Et la manière de soigner certaines maladies ne se fait plus manuellement mais au moyen d'appareils commandés à distance conçus spécialement pour remplacer la main de l'homme.

Etonnant et surprenant !

Dans le domaine de la communication, les progrès apparaissent presque journalièrement. On est passé de l'envoi des lettres à l'appel téléphonique par des appareils fixes ne pouvant être passé que dans des établissements, à l'appel par téléphonie mobile avec laquelle on peut passer un appel même dans les rues, jusqu'à la communication visuelle par la voie d'ordinateurs (skype). On admet que l'homme est allé loin en matière de savoirs.

Si nous revenons un peu plus loin dans l'histoire, il y a déjà longtemps que l'homme a su inventer des choses. Le premier produit d'envergure est la construction de la Tour de Babel racontée dans la Bible (Genèse 11). Dieu lui-même a constaté que les recherches et les savoirs de l'homme ne s'arrêteraient plus et Il a dit : *« Et l'Eternel dit: Voici, ils forment un seul peuple et ont tous*

une même langue, et c'est ce qu'ils ont entrepris; maintenant rien ne les empêcherait de faire tout ce qu'ils auraient projeté. » (Genèse 11 :6)
L’homme s’efforce toujours d’utiliser son intelligence et il trouve de bons résultats. Pourtant, malgré tous ces progrès, il ne peut se dégager de la vérité annoncée précédemment à savoir que son intelligence est limitée. Depuis sa naissance jusqu’ à l’âge adulte, l’homme ne peut faire de trop de grandes choses. C’est la première limite qu’il ne peut franchir et la deuxième est le temps limité pendant lequel il peut effectuer des recherches. Quand l’homme meurt, tout son savoir et ses connaissances meurent avec lui : à cette limite, l’homme ne peut se soustraire. Et quel que soit l’effort fourni pour stopper la mort, il n’a pu jusqu’à maintenant trouvé le moyen d’arrêter ce phénomène. Il n’arrête pas de faire des recherches médicales car en celles-ci demeurent l’espoir de stopper la mort. Mais avant cette ultime limite qu’est la mort, les hommes sont confrontés à des maladies encore incurables jusqu’à aujourd’hui. Et même les maladies dont on a trouvé les remèdes peuvent encore conduire à la mort. C’est pourquoi on peut dire que la connaissance de l’homme ne pourra jamais atteindre la sagesse et l’intelligence de Dieu.
Pourquoi l’appelle-t-on sagesse de Dieu? Parce que tout ce qui est dans ce monde vient de l’organisation de Dieu. Soit Il l’a fait directement, soit qu’il l’a laissé faire, soit il en a bloqué le devenir. Les croyants et les non croyants vivent tous dans cette organisation issue de la sagesse de Dieu. Ce qui les différencie est inscrit dans les Saintes Ecritures : ceux qui croient en Dieu peuvent connaître la pensée de Celui en qui ils croient : « *Or nous, nous avons la pensée de Christ »* (I Corinthiens 2 : 16). Et la sagesse de l’homme ne lui permettra pas de trouver Dieu. « P*uisqu’en effet le monde, par le moyen de la sagesse, n'a pas reconnu Dieu dans la sagesse de Dieu… »* (I Corinthiens 1 :21a). La sagesse de l’homme ne pourra jamais atteindre la sagesse et l’intelligence de Dieu en raison de la grande distance entre elles. Et les Saintes Ecritures disent également :

« *Cela aussi vient de l'Eternel des armées; Admirable est son conseil, et grande est sa sagesse* » (Esaïe 28 :29)

6. S'humilier et se reconnaitre pécheur : des faiblesses pour l'homme

Jésus leur répondit: Si vous étiez aveugles, vous n'auriez pas de péché. Mais maintenant vous dites: Nous voyons. C'est pour cela que votre péché subsiste

Jean 9 :41

S'il existe un état d'esprit qui détruit l'homme, c'est cette vanité de se croire savant et connaisseur. Cela l'a détruit en le plaçant dans une position qui ne lui était destinée ; et l'a entièrement démoli en le poussant à s'éloigner complètement de Dieu. Et non seulement il s'est éloigné de Dieu mais s'est également séparé des gens qui l'entourent.

Cet orgueil de se croire savant et connaisseur est un état d'esprit déposé par l'ennemi dans son cœur ; cela a détruit l'homme depuis le commencement. Le diable l'a mis dans son cœur pour le détruire mais il l'a pris pour une pensée normale et un état d'esprit ainsi qu'une ligne de pensée digne. Etre l'égal du Dieu créateur est le but fixé par Lucifer ; cela l'a conduit à l'orgueil et Dieu a été obligé de le bannir du ciel.

Comme toute maladie incurable, cette destruction ronge et s'empire. Et cela est déjà prévu dans les Saintes Ecritures : « *Sache que, dans les derniers jours, il y aura des temps difficiles. Car les hommes seront égoïstes, amis de l'argent, fanfarons, hautains, blasphémateurs, rebelles leurs parents, ingrats, irréligieux, insensibles, déloyaux, calomniateurs, intempérants, cruels, ennemis des gens de bien, traitres, emports, enflés d'orgueil, aimant le plaisir plus que Dieu* » (II Timothée 3 : 1-4). Dieu nous a déjà prévenu, nous croyants ; aussi, ne nous étonnons pas si le mal sévit de jour en jour dans ce monde malgré les différents progrès. Etant Amour, Dieu cherche toujours des solutions.

Et Dieu a fait connaitre par le biais de deux hommes l'unique et facile moyen pour soigner cette maladie qui engendre la destruction de l'homme en son intérieur. Ce sont Jean Baptiste et Jésus Christ. Ces deux hommes en commençant à prêcher se sont exprimés avec la même phrase : « *Repentez-vous, car le royaume des cieux est proche* » (Matthieu 3 :2 et 4 :17). Le message qu'ils ont apporté est simple : « *Repentez-vous* ». La repentance exige d'abord l'humilité mais hélas, l'homme se croyant juste et savant ne peut faire. La repentance signifie qu'on se reconnait être un pécheur indigne. Cela, l'incroyant ne peut jamais le supporter.

La première étape dans la guérison de l'homme consiste à lui faire prendre conscience de sa maladie. Ce qui l'oblige à chercher un remède. Cet état de chose, Jésus Christ l'a dit une fois aux Pharisiens : « *Je suis venu dans ce monde pour un jugement, pour que ceux qui ne voient point voient, et que ceux qui voient deviennent aveugles. Quelques pharisiens qui étaient avec lui, ayant entendu ces paroles, lui dirent: Nous aussi, sommes-nous aveugles? Jésus leur répondit: Si vous étiez aveugles, vous n'auriez pas de péché. Mais maintenant vous dites: Nous voyons. C'est pour cela que votre péché subsiste* » (Jean 9 : 39-41).

En revisitant le passé, on constate que Jésus n'est pas le seul à parler de repentance, Dieu a exigé la repentance depuis l'époque des Fils d'Israël racontée dans l'Ancien Testament. Dieu leur a commandé : « *Ainsi parle l'Éternel des armées, le Dieu d'Israël: Réformez vos voies et vos œuvres, et je vous laisserai demeurer dans ce lieu* » (Jérémie 7 :3) et aussi : « *C'est pourquoi je vous jugerai chacun selon ses voies, maison d'Israël, dit le Seigneur, l'Éternel. Revenez et détournez-vous de toutes vos transgressions, afin que l'iniquité ne cause pas votre ruine. Rejetez loin de vous toutes les transgressions par lesquelles vous avez péché; faites-vous un cœur nouveau et un esprit nouveau. Pourquoi mourriez-vous, maison d'Israël? Car je ne désire pas la mort de celui qui meurt, dit le Seigneur, l'Éternel. Convertissez-vous donc, et vivez* » (Ezéchiel 18 :30-32).

Cependant, nombreux sont ceux des Fils d'Israël qui n'ont pas obéi à ce commandement et jusqu'à maintenant, cette mauvaise habitude consistant à faire fi de la Parole de Dieu perdure.

L'homme pensant qu'il est sans reproche, vit sa vie selon sa propre conviction.

L'homme peine à admettre que son être intérieur est détruit, cela met en évidence son manque de foi en Dieu, le seul qui puisse le soigner entièrement de cette destruction.

Ne pas croire domine encore dans le cœur de l'homme !

Mais l'homme qui est passé par la repentance vit dans l'humilité, n'avance pas beaucoup d'argumentations, ne discute pas mais écoute et obéit. C'est pourtant la raison pour laquelle Dieu l'élève. Ceux qui ne sont pas encore passés par la repentance sont complètement opposés à cela, ils sont vantards et discutent sans fin, se croyant connaisseurs et savants. Les Saintes Ecritures l'expriment dans I Corinthiens 1 : 20a « *Où est le sage? Où est le scribe? Où est le disputeur de ce siècle?* » Et les Saintes Ecritures continuent « *Dieu n'a-t-il pas convaincu de folie la sagesse du monde?* » (I Corinthiens 1 : 20b)

Ceux qui sont passés par la repentance et ceux qui ne l'ont pas fait se trouvent à deux côtés diamétralement opposés quant à leurs modes de vie et leurs façon de penser. Ceux qui sont passés par la repentance ont abandonné leur vie passée et suivent la nouvelle voie prescrite par Dieu. Et c'est là-même le mot « se repentir » trouve tout son sens : se détourner de son ancien et mauvais chemin. Ils ne marchent plus selon leur pensée ou leur propre volonté mais suivent librement les chemins tracés par Dieu. On peut dire qu'ils ont obtenu des soins adéquats et qu'ils vivent merveilleusement avec une âme en bonne santé malgré les difficultés auxquelles ils font face. Mieux encore, ils ne se sentent pas vraiment en difficulté. L'apôtre Paul l'a affirmé : « *Nous sommes pressés de toute manière, mais non réduits à l'extrémité; dans la détresse, mais non dans le désespoir; persécutés, mais non abandonnés; abattus, mais non perdus* » (II Corinthiens 4 : 8-9)

Cette affirmation de Paul semble constituer une contradiction en soi, ne respectant pas la logique naturelle. Comment peut-il *être pressé de toute manière mais non réduit à l'extrémité* ? Il y a beaucoup de difficultés dans ce qu'on fait, dans la vie, soit devant soit derrière, soit à gauche soit à droite. La première est l'insuffisance des moyens de subsistance mais on ne se sent pas gêné, on possède la paix de l'esprit et la sérénité.

Et on poursuit par « *dans la détresse, mais non dans le désespoir* ». On ne trouve pas de solutions à l'insuffisance, il est quand même confus mais ne se décourage pas ayant toujours une espérance. Quelle en est la cause ? Parce que Le Dieu auquel il croit, a Lui-même mis cette paix dans son cœur. C'est ce qu'a déclaré Jésus à ses disciples autrefois : « *Je vous laisse la paix, je vous donne ma paix. Je ne vous donne pas comme le monde donne* » (Jean 14 :27). Et Dieu Le Père en qui il croit a également assuré depuis longtemps en disant : « *Jusqu'à votre vieillesse je serai le même, jusqu'à votre vieillesse je vous soutiendrai; je l'ai fait, et je veux encore vous porter, vous soutenir et vous sauver* » (Esaïe 46 :4).

Tout cela ne peut être perçu par ceux qui ne se sont pas encore repentis car ils veulent vivre selon leur choix et leur connaissance, leur idée. Or, au moment des difficultés, ils éprouvent violemment des souffrances : stress, chamboulement de la vie, désespoir, ne trouvant personne pour aider. Au bout du compte, ils ont recours à des voyants. Ces derniers ne pouvant solutionner tous les problèmes, ceux qui les sollicitent sont finalement désespérés.

L'homme pourra résoudre les difficultés qui se présentent dans sa vie avec son savoir, mais avec sa décision de s'humilier et de se repentir, c'est-à-dire de renoncer à sa vie antérieure sans Dieu ; c'est le seul remède pouvant l'aider à vivre heureux ici même sur cette terre où il y a énormément de problèmes.

7. Les hommes ne reconnaissent pas le chemin qui mène à leur propre ruine

Telle voie paraît droite à un homme, Mais son issue, c'est la voie de la mort.

Proverbes 14 :12 et 16 :25

Nous avons déjà affirmé que ceux qui ne sont pas passés par la repentance aiment discuter, donner leur opinion et convaincre les autres dans leurs discours. Ils ont la prétention de connaître et de toujours tout savoir si bien qu'ils s'appuient sur leurs convictions qu'ils prétendent vraies. Ainsi ils pensent que les idées qu'ils avancent sont certaines et pertinentes ; cependant les Saintes Ecritures sont claires et un passage affirme en deux temps que : « *Telle voie paraît droite à un homme, Mais son issue, c'est la voie de la mort* » (Proverbes 14 :12 et 16 :25)

L'homme connait-il vraiment ce qui est bien pour lui? Celui qui ne met pas confiance en Dieu dira simplement : Oui, évidemment. Mais les Saintes Ecritures qui renferment toutes les sagesses disent : Non ! C'est sur la voie de la mort où marcheront ceux qui ne se confient pas à Dieu.

Dans la vie, qu'est-ce qui presse et qui compte vraiment pour l'homme? Il recherche ce qu'il pense lui procurer son bonheur et le principal est l'argent. Il pense que la possession d'une somme considérable d'argent lui apportera le bonheur et les Saintes Ecritures déclarent encore : « *Celui qui aime l'argent n'est pas rassasié par l'argent, et celui qui aime les richesses n'en profite pas. C'est encore là une vanité* » (Ecclésiaste 5 :9) Mais la possession de l'argent apporte-t-elle réellement le bonheur et la paix ?- Oui, disent les gens qui en dépendent.

Et le livre de l'Ecclésiaste 5 :11 d'affirmer : « *Le sommeil du travailleur est doux, qu'il ait peu ou beaucoup à manger; mais le rassasiement du riche ne le laisse pas dormir* ».

Tous les hommes poursuivent la paix et le bonheur, chacun selon sa propre voie. Les uns selon leurs propres idées et pensées, les autres soutenus par leur foi et confiance à Dieu son créateur.

Comment cela se manifeste-t-il dans la vie ?

Concernant les premiers, ils recherchent laborieusement par leurs propres forces et par tous les moyens, bons ou mauvais, l'argent et la richesse. C'est ce que Jésus a formulé par : « *Ne vous inquiétez donc point, et ne dites pas: Que mangerons-nous? Que boirons-nous? De quoi serons-nous vêtus? Car toutes ces choses, ce sont les païens qui les recherchent* » (Matthieu 6 :31-32a). Leur seul objectif consiste à amasser le plus d'argent possible. Ils pensent que la richesse leur permet de vivre dans la sérénité. Etre bien vêtu, manger et boire à volonté, faire tout ce que l'on veut. En somme, être complètement immergé dans le plaisir. Cependant, ce bonheur n'est que passager et seulement terrestre. Ce bonheur s'arrête à la fin de la vie qui est la mort. C'est ce que Jésus a traduit en parabole : *« Et il leur dit cette parabole: Les terres d'un homme riche avaient beaucoup rapporté. Et il raisonnait en lui-même, disant: Que ferai-je? Car je n'ai pas de place pour serrer ma récolte. Voici, dit-il, ce que je ferai: j'abattrai mes greniers, j'en bâtirai de plus grands, j'y amasserai toute ma récolte et tous mes biens; et je dirai à mon âme: Mon âme, tu as beaucoup de biens en réserve pour plusieurs années; repose-toi, mange, bois, et réjouis-toi. Mais Dieu lui dit: Insensé! Cette nuit même ton âme te sera redemandée; et ce que tu as préparé, pour qui cela sera-t-il? »* (Luc 12 :16-20)

Cette histoire racontée par Jésus confirme une vérité qui ne vient pas à l'esprit de beaucoup de gens, exprimée ainsi dans I Timothée 6 :7 « *Car nous n'avons rien apporté dans le monde, et il est évident que nous n'en pouvons rien emporter »*

Beaucoup de gens sont trop préoccupés par la recherche du bien-être matériel qu'ils estiment pouvoir les satisfaire sur terre. Ils n'ont pas encore constaté ou remarqué la vérité exprimée par les Saintes Ecritures disant : « *Puis, j'ai considéré tous les ouvrages que mes mains avaient faits, et la peine que j'avais prise à les exécuter; et voici, tout est vanité et poursuite du vent, et il n'y a aucun avantage à tirer de ce qu'on fait sous le soleil* » (Ecclésiaste 2 :11)
Mais qu'est-ce qui apporte vraiment la vie? La recherche inlassable de Dieu le Père et Jésus Christ son Fils, essayer de Le connaitre et de faire sa volonté, voilà ce qui apporte la vraie vie pour l'homme. Le reste que l'homme recherche énormément est un supplément offert par Dieu. C'est ce qui est écrit : « *Cherchez premièrement le royaume et la justice de Dieu; et toutes ces choses vous seront données par-dessus* » (Matthieu 6 :33). Et I Jean 5 :12 dit : « *Celui qui a le Fils a la vie; celui qui n'a pas le Fils de Dieu n'a pas la vie* »
Que choisissez-vous parmi ces deux sortes de vie ?

8. La sagesse suprême de l'homme est la folie la plus basse de Dieu

> « *Jésus leur dit: Vous, vous cherchez à paraître justes devant les hommes, mais Dieu connaît vos cœurs; car ce qui est élevé parmi les hommes est une abomination devant Dieu* »
>
> *Luc 16 :15*

Jusque-là nous avons présenté et exposé deux chemins et deux façons de penser différents, voire opposés pour les hommes croyant en Dieu et ayant passés par la repentance et pour les hommes n'acceptant pas l'autorité de Dieu dans leur vie. Ainsi ces deux groupes ne seront jamais d'accord sur ce qu'ils estiment prioritaire dans la vie.
En quoi consiste la sagesse jugée suprême par l'homme ?

La recherche de tout ce qui est merveilleux dans la vie. Totalement concentré sur le matériel, ne tenant pas du tout compte de ce qui est spirituel. Il est ahurissant de voir que les hommes ayant cette façon de penser soient totalement convaincus qu'ils sont capables de rabaisser ceux qui comptent sur Dieu. Dans l'histoire écrite en Luc 16 :14 : « *Les pharisiens, qui étaient avares, écoutaient aussi tout cela, et ils se moquaient de lui (Jésus)* ». Les incroyants se moquent des croyants car ils pensent posséder la sagesse mais ceux qui croient en Dieu demeurent dans la folie. Cependant, qu'est-ce que Jésus a poursuivi au verset 15 « *Jésus leur dit: Vous, vous cherchez à paraître justes devant les hommes, mais Dieu connaît vos cœurs; car ce qui est élevé parmi les hommes est une abomination devant Dieu* »

Ces paroles de Jésus représentent une vérité que les gens ne peuvent arriver à comprendre ni ne leur parvient pas à l'esprit: « *Dieu connaît vos cœurs* ». Si les gens comprenaient et acceptaient cela, leurs comportements seraient totalement différents, seulement cette vérité n'est pas valable pour eux, leur esprit ne la reconnait pas. Pour eux, ils sont les seuls à connaitre leur cœur et leur pensée. A l'opposé, ceux qui croient en Dieu, acceptent que Dieu les connaisse entièrement et totalement.

Le roi David a dit : « *Tu sais quand je m'assieds et quand je me lève, Tu pénètres de loin ma pensée; Tu sais quand je marche et quand je me couche, Et tu pénètres toutes mes voies. Car la parole n'est pas sur ma langue, Que déjà, ô Éternel! Tu la connais entièrement. Tu m'entoures par derrière et par devant, Et tu mets ta main sur moi. Une science aussi merveilleuse est au-dessus de ma portée, Elle est trop élevée pour que je puisse la saisir* » (Psaume 139 :1-6)

Ceux qui croient en Dieu et se confient en Lui reconnaissent comme David que quoi qu'ils fassent et où qu'ils se trouvent, Dieu est près d'eux. Et ce n'est pas seulement aujourd'hui ou dans leur maturité mais depuis même leur conception. C'est ce qui est aussi mentionné dans ce psaume : « *Dès le ventre de ma mère je m'appuie sur toi; C'est toi qui m'as fait sortir du sein maternel; tu es sans cesse l'objet de mes louanges* » (Psaume 71 :6)

Il existe aussi une autre vérité inaccessible à ceux qui ne croient pas en Dieu, mentionnée dans I Samuel 16 :7b : « *L'Éternel ne considère pas ce que l'homme considère; l'homme regarde à ce qui frappe les yeux, mais l'Éternel regarde au cœur* ». L'homme s'efforce d'observer, d'analyse et de produire divers enseignements telles la pédagogie et la psychologie, essayant de deviner la signification des différents comportements des gens pour exprimer ce qui pourrait être dans leur cœur et dans leur esprit. Les enseignements peuvent s'avérer justes mais ils restent limités et surtout incertains. Mais ce que Dieu voit dans le cœur des gens est toujours juste et sûrs à cent pour cent.

Même l'apôtre Paul en parlant aux Corinthiens se posait la question : « *Vous regardez à l'apparence !* »(II Corinthiens 10 :7a). Même si l'homme veut explorer les secrets du cœur, il ne pourra jamais le réaliser car son savoir est limité. Pourtant, énormément de gens qui ne croient pas en Dieu ne constatent ni n'admettent pas cette limite, et c'est la raison pour laquelle ils s'enflent d'orgueil dans tout ce qu'ils font. Les Ecritures Saintes néanmoins déclarent clairement : « *Car nous connaissons en partie, et nous prophétisons en partie* » (I Corinthiens 13 :9a). Comment l'homme limité en pensée et en connaissance pourrait-t-il savoir toute la vérité sur sa vie ? Or, beaucoup d'incroyants osent prétendre connaitre toutes choses et avoir véritablement de l'intelligence. Selon un dicton malagasy: « Seuls les pots à demi plein s'agitent ».

En conclusion:

Les connaissances de Dieu et les connaissances de l'homme sont aussi distantes que la terre et le soleil. Si l'homme ne croit pas en Dieu, il pense posséder une intelligence supérieure car cela vient de sa façon de penser. Mais pour l'homme qui croit en Dieu, la repentance est le commencement de sa vie qui lui apporte l'humilité et la soumission à l'autorité de Dieu ainsi qu'à Sa supériorité dans tous les aspects de la vie.

II. LES VERITES INDENIABLES

1. Celui qui craint l'Eternel marche dans le droit chemin

Celui qui marche dans la droiture craint l'Éternel, Mais celui qui prend des voies tortueuses le méprise.

Proverbes 14 :2

Il connait et voit même ce qui est le plus infime dans la vie de l'homme. Il discerne aussi manifestement ce qui est caché profondément dans le cœur et l'esprit de l'homme. Et même ce que l'homme envisage de faire, Il le sait déjà. Dieu désire toujours aider les gens, les rendre heureux, les amener dans le droit chemin. Ainsi ceux qui acceptent et croient à la direction divine de leur vie marchent alors dans la droiture conformément au titre ci-dessus aux Proverbes 14 :2.

Imaginez un professeur d'université qui enseigne son enfant du primaire, ne serait-il pas au courant de toutes les matières de la classe de celui-ci ? Et il lui sera facile de l'aider et de l'instruire. Dieu est plus que cela de par sa connaissance de tous les caractères des hommes. Et Dieu a sa méthode de travail par le biais de son Esprit, qui n'est autre que Lui-même. Il dirige et enseigne ceux qui croient en Lui. C'est ce que Jésus a déclaré par : « *Mais le consolateur, l'Esprit Saint, que le Père enverra en mon nom, vous enseignera toutes choses, et vous rappellera tout ce que je vous ai dit.* » (Jean 14 :26)

C'est une vérité que ne vivent pas ceux qui ne croient pas en Dieu et qu'ils ne comprennent pas mais c'est la vie quotidienne de ceux qui croient. C'est ce qui valide le titre qui dit que celui qui craint l'Eternel marche dans la droiture car le Dieu détenteur de toutes les connaissances le guide. Guide qui se présente sous diverses formes utiles quotidiennement à l'homme. L'auteur des Psaumes l'exprime en disant : « *Je t'instruirai et te montrerai la voie que tu dois suivre; Je te conseillerai, j'aurai le regard sur toi.* » (Psaumes 32 :8)

Voyez comment Dieu aide-t-Il les hommes qui croient en Lui! Premièrement : « *Je t'instruirai,* » signifie que Dieu donnera des connaissances aux siens – Deuxièmement : « *Je te montrerai la voie que tu dois suivre* »signifie qu'Il montrera la vraie voie sur laquelle ils devront marcher – Troisièmement : « *J'aurai le regard sur toi* » signifie qu'Il assurera une surveillance rapprochée et au cas où quelque chose leur arrive Il les gardera assurément – et enfin « *Je te conseillerai* », Il (Dieu) s'engage à leur donner des recommandations. Où l'homme pourrait-il trouver une aide aussi complète ? Il n'est pas surprenant si l'homme qui se confie en Dieu marche dans le droit chemin.

Un passage dans le livre d'Esaïe confirme cette direction de Dieu : « *Tes oreilles entendront derrière toi la voix qui dira: Voici le chemin, marchez-y! Car vous iriez à droite, ou vous iriez à gauche.* » (Esaïe 30 :21)

Avis, conseils, instructions, directives, tout cela entoure la vie de ceux qui croient et se confient à Dieu ainsi nous ne sommes pas surpris si les Saintes Ecritures déclarent que ceux qui craignent Dieu marchent tout droit. Mais ceux qui n'acceptent pas Dieu pensent qu'ils sont maîtres dans la direction de leur destinée, l'existence de Dieu n'effleure même pas leur pensée. Les Saintes Ecritures dévoilent ce qui est dans leur cœur et dans leur pensée en disant : « *L'insensé dit en son cœur: Il n'y a point de Dieu! Ils se sont corrompus, ils ont commis des actions abominables; Il n'en est aucun qui fasse le bien* » (Psaumes 14 :1). Un autre Psaume le confirme disant : « *Le méchant dit avec arrogance: Il ne punit pas! Il n'y a point de Dieu! -Voilà toutes ses pensées* » (Psaumes 10 :4)

Ce qui est regrettable c'est que le nombre de gens qui ont ces opinions augmente surtout dans les pays dits développés. Ces hommes sont ceux que l'Apôtre Paul interpelle : « *Se vantant d'être sages, ils sont devenus fous* » (Romain 1 :22a).

Devant ce constat, la plus importante question qui se pose est : peuvent-ils encore revenir à la raison pour accepter et obéir à Dieu ?

La soumission et l'obéissance à Dieu sont les premiers chemins vers le bonheur.

2. Dieu cache des choses à ceux qui se croient sages et intelligents

« Avec celui qui est bon tu te montres bon, Avec l'homme droit tu agis selon la droiture »

Psaumes 18 :26

Si on répond tout de suite à la question posée précédemment, on peut dire : oui, ceux qui ne croient pas en Dieu peuvent encore revenir à la raison et accepter Dieu s'ils le désirent dans leur cœur, se repentent en devenant simples et droits devant Dieu. C'est ce qu'exprime les Saintes Ecritures en disant : « *Avec celui qui est bon tu te montres bon, Avec l'homme droit tu agis selon la droiture* » (Psaumes 18 :26 et II Samuel 22 :26), Cela signifie que Dieu est simple pour ceux qui sont simples, et c'est justement cela Son désir pour la vie de tous et pour leur comportement en sa présence. Et Il poursuit ces paroles finalement par : *« Et avec le pervers tu agis selon sa perversité* ». Autrement dit : si l'homme n'est ni bon ni droit en présence de Dieu alors Dieu lui cache vraiment Sa volonté.

Plusieurs versets des Ecritures Saintes peuvent prouver cela. *« Il enlève l'intelligence aux chefs des peuples, Il les fait errer dans les déserts sans chemin; Ils tâtonnent dans les ténèbres, et ne voient pas clair; Il les fait errer comme des gens ivres* » (Job 12 :24-25). Esaïe19 :11-13 qui annonce les périls qui frapperont l'Egypte dit : *« Les princes de Tsoan ne sont que des insensés, Les sages conseillers de Pharaon forment un conseil stupide. Comment osez-vous dire à Pharaon: Je suis fils des sages, fils des anciens rois? Où sont-ils donc tes sages? Qu'ils te fassent des révélations, Et qu'on apprenne ce que l'Éternel des armées a résolu contre l'Égypte. Les princes de Tsoan sont fous, Les princes de Noph sont dans l'illusion, Les chefs des tribus égarent l'Égypte* ». Esaïe 29 :14 : « *C'est pourquoi je frapperai encore ce peuple par des prodiges et des miracles; Et la sagesse de ses sages périra, Et l'intelligence de ses hommes intelligents disparaîtra* ».

Jérémie 8 :8-9 : « *Comment pouvez-vous dire: Nous sommes sages, La loi de l'Éternel est avec nous? C'est bien en vain que s'est mise à l'œuvre la plume mensongère des scribes. Les sages sont confondus, ils sont consternés, ils sont pris; Voici, ils ont méprisé la parole de l'Éternel, Et quelle sagesse ont-ils?* »

Les gens persistent à faire le mal et se croient sages pour cela.

Dieu a dit au roi de Tyr : « *Voici, tu es plus sage que Daniel, Rien de secret n'est caché pour toi; Par ta sagesse et par ton intelligence tu t'es acquis des richesses, tu as amassé de l'or et de l'argent dans tes trésors; Par ta grande sagesse et par ton commerce tu as accru tes richesses, Et par tes richesses ton cœur s'est élevé. C'est pourquoi ainsi parle le Seigneur, l'Éternel: Parce que tu prends ta volonté pour la volonté de Dieu. Voici, je ferai venir contre toi des étrangers, les plus violents d'entre les peuples; Ils tireront l'épée contre ton éclatante sagesse, Et ils souilleront ta beauté. Ils te précipiteront dans la fosse, et tu mourras comme ceux qui tombent percés de coups, au milieu des mers* ».

Se considérer intelligent et se vanter sont des caractères de l'homme depuis déjà des générations. Divers messages d'avertissement ont été véhiculés par les prophètes mais le cœur de l'homme se croyant sage n'a pas voulu changé. Et Jésus Christ même reconnaissait en reprochant durement les villes dans lesquelles Il a effectué de nombreux miracles mais qui ne se sont pas repenties comme les villes de Chorazin, Bethsaïda, et Capernaüm. Il a déclaré que si c'était à Sodome qu'Il aurait fait ces miracles, les habitants se seraient longtemps repentis. Combien est ainsi grande la vanité des hommes ! Mais Jésus a dit aussi : « *Je te loue, Père, Seigneur du ciel et de la terre, de ce que tu as caché ces choses aux sages et aux intelligents, et de ce que tu les as révélées aux enfants* » (Matthieu 11 :25 et Luc 10 :21)

Par conséquent, nous avons besoin d'imiter les enfants pour connaître la volonté de Dieu.

La preuve de la grandeur de l'homme est sa volonté de devenir petit comme un enfant !

3. Les preuves de l'existence de Dieu et ses œuvres

En effet, les perfections invisibles de Dieu, sa puissance éternelle et sa divinité, se voient comme à l'œil, depuis la création du monde, quand on les considère dans ses ouvrages. Ils sont donc inexcusables,

Romains 1 :20

Ce n'est pas l'importance du nombre de ceux qui ne croient pas en Dieu ou de ceux qui ne vivent pas selon sa volonté qui permet d'affirmer que Dieu n'existe pas. En vérité, l'homme ne peut ne pas croire en Dieu et justement c'est pourquoi l'Apôtre Paul soutient dans l'épitre aux Romains que : « *car ce qu'on peut connaître de Dieu est manifeste pour eux, Dieu le leur ayant fait connaître. En effet, les perfections invisibles de Dieu, sa puissance éternelle et sa divinité, se voient comme à l'œil, depuis la création du monde, quand on les considère dans ses ouvrages. Ils sont donc inexcusables* » (Romains 1 :19-20)

Ceux qui ne croient pas en Dieu sont-ils vraiment inexcusables ? Surprenant ! Ils ont en effet beaucoup d'excuses à présenter, toutefois le contenu est l'idée qu'il est stupide de croire en Dieu.

Cependant, Paul affirme clairement ici qu'ils sont inexcusables s'ils regardent les ouvrages de Dieu. Néanmoins, ils ne veulent pas glorifier Dieu devenant ainsi endurcis et ayant l'intelligence obscurcie. (Romains 1:21b).

Dieu lui-même a déjà annoncé aux enfants d'Israël que toute la terre Lui appartient (Exode 19 :5b) et Moïse l'homme de Dieu en discutant avec les enfants d'Israël leur rappelait que : « *Voici, à l'Éternel, ton Dieu, appartiennent les cieux et les cieux des cieux, la terre et tout ce qu'elle renferme* »

(Deutéronome 10 :14) pour leur encourager à aller de l'avant dans la crainte et l'amour de Dieu. Le psalmiste avait déclaré également à ce sujet et Asaph disait : *« Car tous les animaux des forêts sont à moi, Toutes les bêtes des montagnes par milliers; Je connais tous les oiseaux des montagnes, Et tout ce qui se meut dans les champs m'appartient. Si j'avais faim, je ne te le dirais pas, Car le monde est à moi et tout ce qu'il renferme. »* (Psaumes 50 :10-12).

Et les œuvres ainsi que les pouvoirs de Dieu sont révélés par la nature qu'Il a créée. Un autre psalmiste Éthan l'Ézrachite annonçait également cela en disant : *« Éternel, Dieu des armées! Qui est comme toi puissant, ô Éternel? Ta fidélité t'environne. Tu domptes l'orgueil de la mer; Quand ses flots se soulèvent, tu les apaises. Tu écrasas l'Égypte comme un cadavre, Tu dispersas tes ennemis par la puissance de ton bras. C'est à toi qu'appartiennent les cieux et la terre, C'est toi qui as fondé le monde et ce qu'il renferme. Tu as créé le nord et le midi; Le Thabor et l'Hermon se réjouissent à ton nom »* (Psaumes 89 :8-12a)

Le roi David n'est pas en reste au sujet de Dieu et de ses œuvres en écrivant dans ses psaumes : *« A l'Éternel la terre et ce qu'elle renferme, le monde et ceux qui l'habitent! Car il l'a fondée sur les mers, et affermie sur les fleuves »* (Psaumes 24 :1-2)

Même devant ces déclarations de nombreux témoins dans les Ecritures Saintes au sujet de Dieu, de son œuvre et de son influence sur la nature, beaucoup de gens ne pensent pas à cela. Incroyable !

Un problème majeur dans la vie de l'homme est le rejet de Dieu et de sa puissance mais encore plus énorme est le refus ou la non croyance simplement de Jésus-Christ, Son Fils. On peut dire que les premiers à cette non croyance étaient les Pharisiens et les Scribes qui osaient dire que Jésus-Christ avait blasphémé en affirmant que Lui et le Père sont un et qu'Il est Fils de Dieu. *« Moi et le Père nous sommes un. Mais si je les fais, quand même vous ne me croyez point, croyez à ces œuvres, afin que vous sachiez et reconnaissiez que le Père est en moi et que je suis dans le Père* » (Jean 10 :30, 38).

Et les Pharisiens dirent : « *Les Juifs lui répondirent: Ce n'est point pour une bonne œuvre que nous te lapidons, mais pour un blasphème, et parce que toi, qui es un homme, tu te fais Dieu* »(Jean 10 :33). Mais Dieu Lui-même l'a dit et a déjà préparé depuis longtemps, au temps des prophètes, la venue de son Fils. (Esaïe 9 :5). Et c'est pourquoi Jésus reprochait aux Juifs en disant : « *Vous sondez les Écritures, parce que vous pensez avoir en elles la vie éternelle: ce sont elles qui rendent témoignage de moi. Et vous ne voulez pas venir à moi pour avoir la vie!* » (Jean 5 :39-40). Aujourd'hui, pas mal de gens lisent les Saintes Ecritures et même les examinent, toutefois pas avec la foi mais juste pour critiquer et rejeter ce qu'Elles disent. Nous voyons sur le réseau internet les divers commentaires montrant des déclarations et des analyses pour attirer les gens à ne pas croire en Jésus-Christ.

Mais qu'importe la non croyance de l'homme, Jésus-Christ est le moyen suprême apporté par Dieu pour sauver le monde. Seuls ceux qui croient possèdent la vie (Jean 3 :36).

4. La grandeur de Dieu

L'homme s'efforce sans cesse de faire des recherches, avons-nous dit, mais l'espace au-dessus de notre planète Terre est parmi ce qu'il ne maitrise pas encore. Récemment, il a découvert plus d'un millier de planètes. Il a donné des noms aux planètes identifiées comme des parents qui nomment leurs enfants.

Si l'homme est encore à ce stade de recherche, Dieu a déjà connu l'univers depuis sa creation et Il connait le nombre des étoiles et leur a donné un nom à chacune d'elle. Les psaumes disent ainsi : « *Il compte le nombre des étoiles, Il leur donne à toutes des noms* » (Psaumes 147 :4). Personne ne peut compter les étoiles. Dieu a dit à Abram : « *Et après l'avoir conduit dehors, il dit: Regarde vers le ciel, et compte les étoiles, si tu peux les compter. Et il lui dit: Telle sera ta postérité* (Genèse 15 :5).

Beaucoup de psalmistes tels le roi David, Moïse, les Koréites ont tous annoncé cette grandeur de Dieu. Ils ont dit :

- Grand comme Il est Dieu :
  « *Psaume des fils de Koré. L'Éternel est grand, il est l'objet de toutes les louanges, dans la ville de notre Dieu, sur sa montagne sainte* » (Psaumes 48 :1)

- Grand dans la gloire:
  « *Éternel, notre Seigneur! Que ton nom est magnifique sur toute la terre! Ta majesté s'élève au-dessus des cieux.* » (Psaumes 8 :1)

- Grand dans les miracles et les ouvrages:
  « *Souvenez-vous des prodiges qu'il a faits, De ses miracles et des jugements de sa bouche* » (Psaumes 105 :5)

- Grand par la qualité de ses œuvres :
  « *Je te loue de ce que je suis une créature si merveilleuse. Tes œuvres sont admirables, Et mon âme le reconnaît bien* » (Psaumes 139 :14)

- Grand par la force et la puissance:
  « *Car l'Éternel est grand et très digne de louange, Il est redoutable par-dessus tous les dieux* » (Psaumes 96:4)
  « *Nous ne saurions parvenir jusqu'au Tout Puissant, Grand par la force, Par la justice, par le droit souverain: Il ne répond pas!* » (Job 37 :23)

- Grand par la force et la sainteté:
  « *Qu'on célèbre ton nom grand et redoutable! Il est saint!* » (Psaumes 99 :3)

- Grand par la pensé:
  « *L'Éternel est grand et très digne de louange, et sa grandeur est insondable. Que chaque génération célèbre tes œuvres, Et publie tes hauts faits*! » (Psaumes 145 :3-4)

- Grand par sa souveraineté et sa gloire:
  «*Je dirai la splendeur glorieuse de ta majesté; Je chanterai tes merveilles*. » (Psaumes 145 :5)

- Grand par sa force et son intelligence:
  « *Notre Seigneur est grand, puissant par sa force, Son intelligence n'a point de limite*. »(Psaumes 147 :5)

5. Les gens ont-ils vraiment le choix ?

« Oui, tu m'as fait sortir du sein maternel,
Tu m'as mis en sûreté sur les mamelles de ma mère »

Psaumes 22 :9

Un poète Italien, tout au long de sa vie, a cherché à prouver sans cesse l'inexistence de Dieu ; il a passé tous ses temps pour cela. Peu de temps avant sa mort, il a fait la déclaration suivante sur ce qu'il a constaté : « *Je suis né, venu sur la terre mais je ne sais pourquoi je suis venu ici ; j'ai vécu comme tout le monde mais je n'ai vraiment vu comment était ma vie ; et maintenant que je vais mourir mais je ne sais pas où j'irai quand je mourrai !* »

Ainsi, il y a des gens comme ce poète italien et on pense qu'ils sont nombreux. Il y en a même ceux qui examinent les Ecritures Saintes mais choisissent de ne pas croire en Jésus Christ ou déclarent qu'ils y croient mais ne l'acceptent pas dans leur vie quotidienne. En observant cela, l'homme a vraiment le choix.

Toutefois, ce que l'homme oublie souvent, c'est cette vérité indéniable : nul n'a choisi de venir sur terre, pas un seul. Qui est-ce qui a vraiment choisi de naître et d'habiter sur terre et d'y vivre ? Ce n'est pas du tout une décision de l'homme. Donc la première venue de l'homme sur terre n'est pas déjà son propre choix car il est né et vit sur cette terre.

Il en est de même de sa fin. S'il part d'ici à cause de la mort, est-ce qu'il l'aurait choisi ? Comme ce poète italien qui s'est efforcé de prouver l'inexistence de Dieu, selon sa conviction, quand il allait mourir, il n'avait rien pour arrêter la mort et même là où irait-il après la mort est un mystère pour lui !

Qui est celui qui connait le jour de sa mort? Le terme de sa vie n'est pas non plus un choix de l'homme. Ainsi ni le commencement ni le terme de sa vie ne sont des choix pour l'homme. Seule les Saintes Ecritures révèlent comment l'homme est arrivé sur terre. Il est ainsi écrit dans les Psaumes: « *Dès le ventre de ma mère je m'appuie sur toi; C'est toi qui m'as fait sortir du sein maternel; tu es sans cesse l'objet de mes louanges* » (Psaume 71 :6) et un dans autre psaume : « *C'est toi qui as formé mes reins, Qui m'as tissé dans le sein de ma mère* » (Psaume 139 :13). Pareillement, pour son départ, il est écrit : « *Tu fais rentrer les hommes dans la poussière, Et tu dis: Fils de l'homme, retournez!* »(Psaume 90 :3) – « *que la poussière retourne à la terre, comme elle y était, et que l'esprit retourne à Dieu qui l'a donné* » (Ecclésiaste 12 :7)

Et il est bon de noter que tout cela est déjà écrit: « *Quand je n'étais qu'une masse informe, tes yeux me voyaient; Et sur ton livre étaient tous inscrits les jours qui m'étaient destinés, avant qu'aucun d'eux existât* » (Psaume 139:16). Aujourd'hui, l'homme lui-même sait déterminer la durée de vie des choses qu'il a construites, tels les médicaments, les divers matériels, et quand la date limite arrive, les médicaments peuvent devenir un poison et les matériels se détériorent. Tandis que la durée de vie de l'homme, le nombre d'années qu'il va vivre sur terre est du seul pouvoir de Dieu.

Le choix que Dieu donne à l'homme concerne la façon de diriger sa vie durant son vivant. Là, l'homme utilise son choix à cent pour cent et Dieu respecte entièrement sa décision. En général, il y a trois catégories de gens :

- Ceux qui croient en Dieu et en Jésus Christ et qui Les acceptent totalement dans leur vie, on les appelle convertis ou nouvelles créatures selon II Corinthiens 5 :17 : « *Si quelqu'un est en Christ, il est une nouvelle créature. Les choses anciennes sont passées; voici, toutes choses sont devenues nouvelles* »
- Ceux qui croient en Dieu et en Jésus Christ mais qui ne Les acceptent pas dans leur vie. C'est ce que les Saintes Ecritures citent par : « *Ceux qui me disent: Seigneur, Seigneur! mais qui ne font pas véritablement la volonté de Dieu n'entreront pas tous dans le royaume des cieux, mais celui-là seul qui fait la volonté de mon Père qui est dans les cieux* » (Matthieu 7 :21)
- Ceux qui ne croient pas en Dieu ni ne croient en Jésus Christ et qui ont peut-être d'autres religions.

Dieu laisse librement les hommes dans leur choix mais par amour pour eux, pour qu'ils ne soient perdus à jamais, Il conseille en disant : « *J'en prends aujourd'hui à témoin contre vous le ciel et la terre: j'ai mis devant toi la vie et la mort, la bénédiction et la malédiction. Choisis la vie, afin que tu vives, toi et ta postérité* » (Deutéronome 30 :19)
Le seul désir de Dieu est que l'homme vive et qu'il vive à jamais contrairement à celui l'homme qui veut vivre dans cette vie seulement. Jésus Christ a déjà déclaré : « *Moi, je suis venu afin que les brebis aient la vie, et qu'elles soient dans l'abondance* » (Jean 10 :10)

Ce n'est pas seulement la présentation de ces deux voies qui vont à la mort et à la vie que Dieu a réalisé pour que l'homme puisse choisir de croire en Jésus Christ son Fils mais Il a aussi démontré sa patience et sa tolérance. C'est pourquoi Il attend aussi patiemment.

Qu'attend-t-il ? - La conversion de tous les hommes pour qu'ils se repentissent et croient en Jésus, les sauvant ainsi tous. « *Le Seigneur ne tarde pas dans l'accomplissement de la promesse, comme quelques-uns le croient; mais il use de patience envers vous, ne voulant pas qu'aucun périsse, mais voulant que tous arrivent à la repentance* » (II Pierre 3 :9)

Un géant dans l'histoire du christianisme décrit avec des images élégantes et merveilleuses la vie ici sur terre, l'apôtre Paul. Quand il n'était pas encore dans la foi en Jésus, il était comme beaucoup de gens. Quand il a reçu la grâce de Dieu, il a connu tout ce qui Le concerne. Il est venu sur terre parce qu'il a été choisi par Dieu depuis le ventre de sa mère : « *Mais, lorsqu'il plut à celui qui m'avait mis à part dès le sein de ma mère, et qui m'a appelé par sa grâce* » (Galates 1 :15). Il connaissait la raison de son existence sur la terre : « *Car Christ est ma vie, et la mort m'est un gain* » (Philippiens 1 :21)

Tous ceux qui croient sont pareils. En entière opposition avec le poète italien cité précédemment. C'est Dieu Lui-même qui dépose dans les cœurs des croyants toutes ces connaissances et ces convictions. C'est le bon chemin montré par Dieu et Il désire que l'homme y marche.

Les gens désirent vivre heureux et longtemps seulement la plupart ne sont pas convaincus du chemin présenté par Dieu.

6. Ce que les hommes estiment leur procurer le bonheur

« Car large est la porte, spacieux est le chemin qui mènent à la perdition, et il y en a beaucoup qui entrent par-là »

Matthieu 7 :13b

Même sans explication, il est évident que c'est vécu par beaucoup de gens dans la vie quotidienne. Ils recherchent l'argent et la richesse.

Ils pensent que c'est le seul moyen d'accéder au bonheur. Voyez ce qui est écrit dans Jean 6 :34 quand Jésus a parlé du pain de vie, ils ont dit : « *Seigneur, donne-nous toujours ce pain* ». A quoi ces gens pensaient-ils quand ils ont fait ce genre de demande ? Du pain pour les nourrir. Il est de même pour la femme samaritaine ayant eu une conversation avec Jésus au bord du puits et qui Lui a dit : « *Seigneur, donne-moi cette eau, afin que je n'aie plus soif, et que je ne vienne plus puiser ici* » (Jean 4 :15). L'homme pense et est toujours prompt pour ce qui est matériel tandis que Jésus discute de la spiritualité. La question qui se pose alors devant cette situation est : Est-ce mal de posséder de la richesse ? Jésus dira s'Il répond à cela : « *Vous ne pouvez servir Dieu et Mammon* » (Matthieu 6 :24b)

Ces paroles de Jésus peuvent être expliquées de deux manières : Primo, les désirs de l'homme sont classés selon un certain ordre selon ce qu'il aime le plus, et il trouvera toujours le moyen d'accomplir ce qu'il considère comme prioritaire en dépensant son énergie, son temps et même son argent. Il ne sent pas les difficultés pour réaliser ses désirs.

Secundo, Dieu et la richesse sont deux entités tellement différentes qu'il est difficile de les combiner. Savoir gérer cette combinaison exige un sérieux contrôle de soi. Les êtres humains sont facilement séduits par les choses matérielles, visibles et tangibles. Jésus voulait avertir et conseiller les hommes de ce fait en disant : *« Ne vous amassez pas des trésors sur la terre, où la teigne et la rouille détruisent, et où les voleurs percent et dérobent; mais amassez-vous des trésors dans le ciel, où la teigne et la rouille ne détruisent point, et où les voleurs ne percent ni ne dérobent. Car là où est ton trésor, là aussi sera ton cœur* » (Matthieu 6 :19-21).

Connaissant les caractères de ces deux richesses, Jésus veut nous les expliquer. Les trésors sur la terre, disait-il, peuvent être démolis et volés mais les trésors dans le ciel ne sont pas susceptibles d'être endommagés ni cambriolés par quelqu'un.

L'homme pense que les richesses terrestres apportent le bonheur. Contrairement aux trésors célestes, les richesses terrestres sont sources d'angoisse, de doute, voire de peur et même d''insomnie. Voyez ce que dit les Saintes Ecritures à propos de cela : « *Le sommeil du travailleur est doux, qu'il ait peu ou beaucoup à manger; mais le rassasiement du riche ne le laisse pas dormir* » (Ecclésiaste 5 :11)

Dans Matthieu 6:25-33, Jésus explique cette inquiétude matérielle de l'homme et lui demande : « *Que mangerons-nous? Que boirons-nous? Que quoi serons-nous vêtus?* » Et Il dit clairement : « *Ne vous inquiétez donc point, et ne dites pas: Que mangerons-nous? Que boirons-nous? De quoi serons-nous vêtus? Car toutes ces choses, ce sont les païens qui les recherchent. Votre Père céleste sait que vous en avez besoin* » (Matthieu 6 :31-32). Ces paroles de Jésus ne sont-elles pas claires ? Si nous, humains, savons ce dont nos enfants ont besoin, vêtements, nourritures et autres ; à fortiori Dieu ne connaitrait-il pas nos besoins ? Jésus le confirme: « *Votre Père céleste sait que vous en avez besoin* »Que doit-on faire alors? Jésus répond: « *Cherchez premièrement le royaume et la justice de Dieu; et toutes ces choses vous seront données par-dessus* » (Matthieu 6 :33) Nous avons mentionné cet ordre précédemment – S'imprégner d'abord de la volonté de Dieu avant toute chose car Dieu se charge de tout ce dont nous avons besoin en tant qu'être humain.

Ceci semble étonnant et incroyable mais tout le monde vit de la même façon. Les parents se soucient de leurs enfants et les nourrissent. Dieu agit de la même façon avec ceux qui acceptent d'être Ses enfants.

L'homme est en quête de bonheur mais le confort qu'il découvre est passager, soixante-dix ou quatre-vingts ans tout au plus. C'est la durée de vie de l'homme d'après ce qui est écrit : « *Les jours de nos années s'élèvent à soixante-dix ans, Et, pour les plus robustes, à quatre-vingts ans; Et l'orgueil qu'ils en tirent n'est que peine et misère, Car il passe vite, et nous nous envolons* » (Psaume 90 :10). Mais Dieu aspire à donner à l'homme le bonheur, le bonheur éternel.

« *Ils n'auront plus faim, ils n'auront plus soif, et le soleil ne les frappera point, ni aucune chaleur* » (Apocalypse 7 :16)

Tout le monde recherche et désire la paix et le bonheur. C'est dans le Seigneur de la paix seul qu'il est assuré de trouver cette paix et ce bonheur !

7. Dieu s'est fait homme en Jésus Christ - Il est mort mais ressuscité

« Christ est mort pour nos péchés, selon les Écritures; qu'il a été enseveli, et qu'il est ressuscité le troisième jour, selon les Écritures »

I Corinthiens 15 :3b-4

Cette vérité se situe à la base du christianisme. Mais depuis le premier péché de l'homme, selon Genèse 3, Dieu avait déjà un plan pour combattre Satan, c'est la première Bonne Nouvelle ou « Proto-évangile » qu'Il a annoncé quand Il a dit au diable : « *Je mettrai inimitié entre toi et la femme, entre ta postérité et sa postérité: celle-ci t'écrasera la tête, et tu lui blesseras le talon* » (Genèse 3 :15). Le descendant de la femme dont il est question ici n'est autre que Jésus-Christ que le diable va essayer de détruire par tous les moyens, des moyens si horribles et dégradants que Jésus a été tué, mort sur une croix.

Le diable pensait qu'il avait obtenu l'ultime victoire or même au moment de sa crucifixion, la puissance et la gloire de Jésus se manifestaient déjà. Le voile du temple se déchira en deux. La ville était dans les ténèbres pendant trois heures puis trois jours après Il avait quitté la tombe où on l'avait enterré. Ni les pharisiens ni les scribes en ce temps-là, n'avaient trouvé les moyens de vaincre et de cacher cette vérité, alors ils ont payé des gens pour raconter et répandre des mensonges en disant qu'on avait volé le corps de Jésus mais qu'Il n'est pas ressuscité.

Cependant, il y avait plusieurs témoins oculaires car Jésus s'est montré à eux après sa résurrection : à ses disciples, à cinq cents autres personnes et aux femmes qui L'ont servi. (I Corinthiens 15 :6). Il est également apparu à Saul qui avait persécuté les disciples de Jésus parce que Saul détestait Son nom et la religion chrétienne ; Saul est devenu alors un grand et fervent Apôtre jusqu'à sa mort (Actes 20 :24). Cette mort et cette résurrection de Jésus, disait l'apôtre Paul, est l'évangile qu'il a reçu et annoncé en premier aux Corinthiens. (I Corinthiens 15 :2-3)

Malgré cela, un groupe de personnes particulier, les Sadducéens, ont refusé de croire en la résurrection de Jésus d'entre les morts à l'époque, et jusqu'à présent nombreux sont ceux qui suivent cette croyance. Or s'il n'y a pas de résurrection, a dit l'apôtre Paul, même le Christ n'aurait pas été ressuscité. Seulement Christ est réellement ressuscité et ceux qui croient en Lui le seront aussi (I Thessaloniciens 4 :14). C'est la plus grande espérance des Chrétiens dans ce monde. La mort est donc la fin de la vie sur cette terre pleine de mal et le début d'une vie paisible avec Dieu le Père et Jésus Christ au moment de la résurrection.

8. La puissance de la parole de Dieu

Car la parole de Dieu est vivante et efficace, plus tranchante qu'une épée quelconque à deux tranchants, pénétrante jusqu'à partager âme et esprit, jointures et moelles; elle juge les sentiments et les pensées du cœur.

Hébreux 4 :12

a) Vivante et Permanente:

« *…par la parole vivante et permanente de Dieu.* » (I Pierre 1 :23b)

b) Regenératrice:

- « *puisque vous avez été régénérés, non par une semence corruptible, mais par une semence incorruptible, par la parole de Dieu* » (I Pierre 1 :23a)
- « *Il nous a engendrés selon sa volonté, par la parole de vérité, afin que nous soyons en quelque sorte les prémices de ses créatures* » (Jacques 1 :18)

c) Vie et santé:
- « *Mon fils, sois attentif à mes paroles, prête l'oreille à mes discours. Qu'ils ne s'éloignent pas de tes yeux; Garde-les dans le fond de ton cœur; Car c'est la vie pour ceux qui les trouvent, c'est la santé pour tout leur corps.* » (Proverbes 4 :20a-22)

d) Ne passera point:

« *Le ciel et la terre passeront, mais mes paroles ne passeront point* » (Matthieu 24 :35)

e) Vivante et efficace:

« *Car la parole de Dieu est vivante et efficace, plus tranchante qu'une épée quelconque à deux tranchants, pénétrante jusqu'à partager âme et esprit, jointures et moelles; elle juge les sentiments et les pensées du cœur.* » (Hébreux 4 :12)

Le cœur de ceux qui entendent et reçoivent la Parole de Dieu subit un profond et complet changement. En même temps, la Parole de Dieu purifie et renouvelle ce qui est à l'intérieur de l'homme et lui donne une nouvelle vie, une nouvelle façon de penser, un nouveau cœur. C'est ce que l'apôtre Paul déclare : « *Si quelqu'un est en Christ, il est une nouvelle créature. Les choses anciennes sont passées; voici, toutes choses sont devenues nouvelles.* » (II Corinthiens 5 :17)

L'ancien homme dont la façon de penser et les idées sont fausses, dont le cœur est concentré sur le monde, et qui ne fait ni ne connait la volonté de Dieu, est transformé par la parole de Dieu et reconnait désormais Sa volonté.

L'apôtre Paul a encouragé ce renouvellement de pensée en disant : « *Ne vous conformez pas au siècle présent, mais soyez transformés par le renouvellement de l'intelligence, afin que vous discerniez quelle est la volonté de Dieu, ce qui est bon, agréable et parfait.* » (Romains 12 :2).

Dieu, à travers l'auteur des Proverbes, explique clairement que la parole de Dieu est vie et santé pour ceux qui la reçoivent. « *Mon fils, sois attentif à mes paroles, Prête l'oreille à mes discours. Qu'ils ne s'éloignent pas de tes yeux; Garde-les dans le fond de ton cœur; Car c'est la vie pour ceux qui les trouvent, C'est la santé pour tout leur corps.»* (Proverbes 4 :20-22)

Or l'homme n'expérimentera pleinement la vie ni la santé ni la guérison apportées par la Parole de Dieu que s'il accepte d'y être soumis et d'y obéir et de la suivre. L'apôtre Jacques a exhorté les croyants pour cela: « *Mettez en pratique la parole, et ne vous bornez pas à l'écouter, en vous trompant vous-mêmes par de faux raisonnements.* » (Jacques 1 :21).

Ce n'est pas une vie passagère ou destructible qu'apporte la Parole de Dieu et qu'elle donne à l'homme mais une vie éternelle parce que la parole de Dieu ne passera point. Jésus a dit : « *Le ciel et la terre passeront, mais mes paroles ne passeront point* » (Matthieu 24 :35)

Sur quoi voulez-vous vous appuyer? Sur des choses périssables et pourrissables sur terre ou sur des choses éternelles ?

III. LA DOCTRINE DE L'HOMME ET LA DOCTRINE DE DIEU

Le fondement de la doctrine de Dieu

La doctrine de Dieu se construit sur trois grandes lignes :

L'Amour – le Salut – le Bonheur éternelle

1- L'amour:

La nature qu'Il a créée et l'homme qu'Il a soigneusement élaboré sont les fruits de son amour, montrent son amour et sont accompagnés de son amour. Si l'amour de Dieu n'était pas sur le monde alors ce monde aurait déjà été détruit depuis longtemps. Cet Amour se manifeste autant par la patience, la miséricorde que par le pardon des péchés.

La patience car même si les actions, les voies, et la vie de l'homme ne s'alignent pas avec le dessein de Dieu, Il attend toujours qu'il revienne à Lui. Sa patience endure la folie de l'homme.

La miséricorde car Il ne souhaite pas que les œuvres qu'Il a créées soient détruits.

Le pardon des péchés car Il comprend que ce ne sont que des hommes qui peuvent se détourner de la voie qu'Il a tracée.

L'amour enveloppe tout cela. L'apôtre Jean l'exprime ainsi: « *Et cet amour consiste, non point en ce que nous avons aimé Dieu, mais en ce qu'il nous a aimés et a envoyé son Fils comme victime expiatoire pour nos péchés.* »(I Jean 4 :10)

Dieu est la source de l'amour et cet amour se tourne toujours vers sa création, surtout vers l'homme.

2- Le salut:

Dès que l'homme a quitté la voie tracée par Dieu, il a constaté quelque chose qui n'allait pas dans sa vie, c'est la nudité. Tout de suite Dieu l'a secouru. L'homme s'efforçait tout de même à trouver des solutions quand il a remarqué sa nudité et a cousu des feuilles mais c'était une solution passagère tandis que Dieu lui a donné un vêtement en cuir à la fois durable et permanent. (Genèse 3 :7) A partir de là, Dieu a commencé à faire des sacrifices en tuant des animaux et a fait couler le sang pour le salut de l'homme déjà tombé dans le péché ! « *L'Éternel Dieu fit à Adam et à sa femme des habits de peau, et il les en revêtit* » (Genèse 3 :21)

C'est le salut temporaire que Dieu a offert à l'homme mais avant cela, Il a déjà annoncé la bonne nouvelle ou l'Evangile concernant le Sauveur qui apportera le salut pour tous les hommes, qui naîtra d'une femme pour écraser le mal (Genèse 3 :15).

Dieu aime la nature, sa création et l'homme façonné par ses mains ainsi Il ne les laissera jamais se perdre ou se détruire mais Il les sauvera toujours.

3- Le bonheur éternel:

C'est le plan de Dieu lorsqu'Il a créé le monde. Des hommes vivant dans le bonheur et heureux dans un monde sans tâche et parfait. Mais l'homme a détruit tout cela ! Il a préféré suivre les conseils de l'ennemi de Dieu, le seigneur de la destruction et de la démolition.

Le plan de Dieu pour rendre l'homme heureux éternellement ne s'accomplira-t-il donc pas? Certainement pas! Il doit être accompli. Non pas pour tous les hommes mais seulement pour ceux qui désirent revenir à Dieu. Car il y a toujours ceux qui choisissent de suivre l'ennemi de Dieu. Dieu a déjà prévu l'avenir de ces deux catégories de personnes dans les Ecritures : « *Car le salaire du péché, c'est la mort; mais le don gratuit de Dieu, c'est la vie éternelle en Jésus Christ notre Seigneur* » (Romains 6 :23)

Comment est ce Bonheur? Les Ecritures disent: « *Ils n'auront plus faim, ils n'auront plus soif, et le soleil ne les frappera point, ni aucune chaleur* » (Apocalypse 7:16)- « *Il essuiera toute larme de leurs yeux, et la mort ne sera plus, et il n'y aura plus ni deuil, ni cri, ni douleur, car les premières choses ont disparu* » (Apocalypse 21 :4)

Ceux qui croient en Dieu seront libérés des problèmes matériels, ne seront plus également accablés par les douleurs physiques mais seront à côté du bon Berger qui fournit de l'eau de la vie sans fin.

Bonheur éternel !

Le Fondement de la doctrine de l'homme :

La doctrine de l'homme se construit également sur trois grandes lignes :

Son choix – Son égoïsme – Sa souffrance éternelle

1- Son choix:

Peu de temps après que Dieu l'ait installé dans un jardin magnifique contenant tout, l'homme a déjà choisi de transgresser le commandement de Dieu. (Genèse 3 :6) C'est le tout premier choix fait par l'homme dans sa vie et après les suivants ont presque tous rejoint ce choix. Jusqu'à aujourd'hui l'homme choisit de ne pas suivre la volonté de Dieu.

Rappelez-vous la discussion relatée au début du livre, beaucoup n'acceptent pas l'existence de Dieu et de son œuvre sur la nature. Dieu laisse l'homme libre de son choix mais Il sait que cette voie choisie par lui finira dans la perdition.

C'est ce que Dieu ne supporte pas. Alors, Il a sacrifié son Fils unique pour sauver le monde. Ce choix de Dieu est totalement opposé au choix de l'homme.

2- Son égoïsme:

Le choix de l'homme se tourne toujours vers ce qu'il veut et ce qu'il pense lui être bénéfique personnellement. Dieu l'a déjà constaté et l'a fait écrire dans II Timothée 3 :2 disant : « *Car les hommes seront égoïstes, amis de l'argent, fanfarons, hautains, blasphémateurs, rebelles à leurs parents, ingrats, irréligieux* »

L'égoïsme est la plus puissante maladie qui ronge le cœur de tous les hommes sur terre.

Ils vivent en égoïstes tous les jours, c'est pourquoi l'apôtre Paul a souvent répété dans ces lettres de la nécessité de ne pas seulement penser à soi mais aussi aux autres. « *Que chacun de vous, au lieu de considérer ses propres intérêts, considère aussi ceux des autres.* »(Philippiens 2 :4) - « *Que personne ne cherche son propre intérêt, mais que chacun cherche celui d'autrui.* »(I Corinthiens 10:24) – « *Que chacun de nous complaise au prochain pour ce qui est bien en vue de l'édification* » (Romains 15 :2)

Pourquoi cette exhortation ? Parce que même Jésus Christ n'a pas cherché ce qui Lui plaisait. *« Car Christ ne s'est point complu en lui-même, mais, selon qu'il est écrit: Les outrages de ceux qui t'insultent sont tombés sur moi. » »* (Romains 15 :3)

Et le modèle de Jésus Christ est le meilleur à imiter.

La parole de Jésus, d'autre part, est la forme suprême de l'amour pour autrui : « *Il n'y a pas de plus grand amour que de donner sa vie pour ses amis.* » (Jean 15 :13). Pour faciliter l'accomplissement de cet amour, le Seigneur apprend à l'homme d'aimer son prochain comme lui-même pour lui permettre d'avoir la marque rapide de ce bel amour dont il a parlé. Donc le minimum demandé par le Seigneur à ceux qui croient en Lui est d'aimer son prochain comme lui-même mais le mieux consiste à donner sa vie pour les autres.

Il est difficile pour l'homme de le faire tant que la nature pécheur règne encore en lui. Mais si l'Esprit de Dieu réside déjà en lui alors il lui sera facile de l'accomplir. Car l'homme est commandé par les choses qu'il introduit en lui : ainsi s'il boit une boisson alcoolique alors l'alcool le commandera et il s'écroulera partout. S'il fume ou prend de la drogue alors le pouvoir de la drogue le dirigera et il pourra même tuer beaucoup de personnes. Il en est de même du bon côté, car si l'Esprit de Dieu est introduit par l'homme en lui de par son acceptation de Jésus pour son propre Seigneur et Sauveur, alors cet Esprit le dirigera dans tout ce qu'il fera. C'est ce qui a fait dire à Jésus : « *Mais le consolateur, l'Esprit Saint, que le Père enverra en mon nom, vous enseignera toutes choses, et vous rappellera tout ce que je vous ai dit* » (Jean 14 :26) et à l'apôtre Paul : « *Car tous ceux qui sont conduits par l'Esprit de Dieu sont fils de Dieu* » (Romains 8 :14)

3- Sa souffrance éternelle:

L'homme pense que son choix égocentrique le rendra heureux. Il peut en effet se sentir heureux, cependant, il ne s'agit que d'un bonheur éphémère, insatisfaisant qu'on cherche tous incessamment. Bonheur où se mêlent les difficultés, les douleurs, les stress, les insuffisances, les désordres jusqu'aux meurtres.

Tel est l'environnement dans lequel l'homme baigne dans ce monde où il espère trouver un grand bonheur mais il semble que ce qu'il découvre semble éloigné de ce bonheur tant désiré.

L'homme est loin d'imaginer la durée de cette souffrance qui sera éternelle s'il ne prend pas la décision de changer et de tourner le dos à cette croyance. Jésus a révélé une vérité selon laquelle certains souffriront éternellement parce que c'est leur propre choix. Il a dit : « *Lorsque j'étais avec eux dans le monde, je les gardais en ton nom. J'ai gardé ceux que tu m'as donnés, et aucun d'eux ne s'est perdu,* ***sinon le fils de perdition****, afin que l'Écriture fût accomplie* » (Jean 17 :12)

L'erreur de l'homme pécheur fait qu'il ne peut pas du tout imaginer ce qui lui arrivera plus tard. Il pense que le chemin qu'il prend le conduira au bonheur mais les Ecritures disent que cela le mènera à la mort. « *Telle voie paraît droite à un homme, mais son issue, c'est la voie de la mort.* » (Proverbes 14 :12 – 16 :25)

IV. DIEU EST-IL VAINCU?

1. La démocratie

Et ils crièrent encore plus fort: Crucifie-le!

Marc 15 :14

Pouvoir du peuple et prépondérance de la majorité. Telle est la définition succincte de ce mot. La majorité possède la justice et la vérité. Cependant, dans les Ecritures, quand on parle de nombre, en général, c'est le peu qui est légal, le peu connait le vrai et le juste ou encore c'est le peu qui veut suivre le vrai et le juste. Et c'est Dieu lui-même qui limite le nombre afin de ne pas causer de l'orgueil à l'homme. C'est comme cela le nombre d'hommes invités à suivre Gédéon quand les fils d'Israël allaient se battre contre les Madianites et les Amalécites. Il y avait 10.000 hommes mais Dieu a dit que c'était trop nombreux, seuls 300 iraient se battre contre les Madianites. (Juges 7 :7) alors que les Madianites étaient comme une multitude de sauterelles, et leurs chameaux étaient innombrables comme le sable qui est sur le bord de la mer (Juges 7 :12). Imaginez que seuls 300 hommes iront se battre contre des hommes innombrables comme un essaim de sauterelles. Mais c'est justement avec cela que Dieu montre sa puissance et sa personnalité.

Au temps de Moïse, Dieu a déjà déclaré : « *Tu ne suivras point la multitude pour faire le mal* » (Exode 23 :2a). Dieu a déjà su depuis ces temps qu'il y a plus de gens qui pratiquent le mal et l'injustice que de gens qui marchent dans la vérité.

Josué en son temps, en tant que leader, ne voulait pas suivre le désir du peuple qu'il dirigeait et leur laissait librement le choix en disant : « *Et si vous ne trouvez pas bon de servir l'Eternel, choisissez aujourd'hui qui vous voulez servir, ou les dieux que servaient vos pères au-delà du fleuve, ou les dieux des Amoréens dans le pays desquels vous habitez. Moi et ma maison, nous servirons l'Éternel* » (Josué 24 :15)

Jésus Christ exhortait ses disciples à bien regarder le chemin qu'ils devraient suivre et d'entrer par la porte étroite car la porte large, disait-Il, beaucoup y entrent mais c'est le chemin de la perdition. (Matthieu 7 :13-14)
Mais la plus grande démocratie dans l'histoire du monde est celle qui se passait au temps de Jésus Christ racontée en Matthieu 27 :20-26, Marc 15 :1-15, Luc 23 :13-24 et Jean 18 :20-40, c'est-à-dire ce que les quatre évangiles racontent tous : les cris de la foule que Pilate n'a pu refuser « *Tue-le – Crucifie-le* ». Pilate a dit qu'il ne trouvait aucun crime en Lui mais la foule criait de plus belle : « *Crucifie-le* ! »
La foule criât d'une voix très forte, la voix de la foule était forte – elle s'écriait de plus en plus fort. C'était ce qui se passait. Une requête indiscutable, impérieuse, qu'il fallait réaliser. C'est la crucifixion de Jésus qu'elle demandait énergiquement.
Ce qui s'était passé était une démocratie qui a marqué un point important dans l'histoire de l'humanité. Est-ce que cela annonçait une victoire pour l'homme et une défaite pour Dieu ?
Qu'éprouvez-vous personnellement ?

2. Auparavant, Dieu a enseigné aux hommes de sacrifier des animaux

« Et presque tout, d'après la loi, est purifié avec du sang, et sans effusion de sang il n'y a pas de pardon. »

Hébreux 9 :22

Dieu a établi une loi pour les enfants d'Israël selon laquelle un sacrifice ou une offrande doit être fait quand un péché a été commis. Si quelqu'un commet un péché, il apportera au Sacrificateur un animal, bœuf ou mouton ou chèvre ou pigeon, et le Sacrificateur l'offrira en posant sa main sur la tête de la victime qu'il égorgera. « *Il posera sa main sur la tête de sa victime, qu'il égorgera devant la tente d'assignation; et les fils d'Aaron en répandront le sang sur l'autel tout autour* » (Lévitique 3:8, 13)

La faute de celui qui a apporté le sacrifice sera transférée à l'animal et le sang versé lavera son péché. Ainsi à chaque fois que l'homme commet un péché, il apportera pareillement une offrande au Sacrificateur et le Sacrificateur l'offrira à Dieu. La question qui se pose est : le fait d'offrir un sacrifice en répandant le sang de l'animal apporté a-t-il vraiment effacé le péché de l'homme ? Hébreux 10 :11 répond directement à cela en déclarant : « *Et tandis que tout sacrificateur fait chaque jour le service et offre souvent les mêmes sacrifices, qui ne peuvent jamais ôter les péchés* »

Quelle est alors la raison du sacrifice ?

Pour avertir les enfants d'Israël que seul le sang versé ôte le péché car si le sang n'est pas versé, il n'y a pas de pardon. (Hébreux 9 :22)

L'enseignement de Dieu se fait progressivement. Il a fait connaître à l'homme que tous les hommes sont pécheurs et pour effacer ces péchés il faut apporter un sacrifice avec du sang versé. C'est la marque de sa repentance pour que Dieu ôte son péché. Or Dieu savait déjà que le sang d'un animal ne pourrait jamais effacer le péché de l'homme.

3. La mort de Jésus

« Cet homme, livré selon le dessein arrêté et selon la prescience de Dieu, vous l'avez crucifié, vous l'avez fait mourir par la main des impies »

Actes 2 :23

Le sang versé des animaux ne peut pas effacer le péché de l'homme même s'il apporte des sacrifices tous les jours car chaque jour il pèche. Quand bien même ses animaux sont tous sacrifiés, cela ne le purifiera pas. Ce qui a amené Dieu à proposer une solution grandiose qui est d'offrir son Fils Unique en sacrifice et

ainsi ce n'est plus un animal mais un être humain, le Fils de Dieu, que l'homme apportera en sacrifice.
Tous ses contemporains savaient que Jésus Christ n'avait pas de péché, ils n'ont pu trouver aucun mal qu'Il aurait fait. Jésus l'a dit un jour aux Pharisiens : « *Jésus leur dit: Je vous ai fait voir plusieurs bonnes œuvres venant de mon Père: pour laquelle me lapidez-vous?* »(Jean 10 :32)
Même Pilate qui a jugé et questionné Jésus n'a pas pu s'empêcher de dire : « *Je ne trouve rien de coupable en cet homme* » (Luc 23 :4-14,15). Et Hérode non plus, disait Pilate, n'a rien trouvé de mal que Jésus ait fait pour qu'on Le traite de coupable. Et quand bien même tout cela était dit et montré clairement à propos de Jésus, les Pharisiens, les Scribes et la foule entière s'étaient mis d'accord et s'écriaient ensemble pour faire mourir Jésus. (Luc 23 :18)
Jésus a remplacé l'agneau sans défaut que l'on fait apporter souvent par la personne quand elle fait une offrande. Mais celui-ci est l'Agneau sans défaut venant de Dieu, apportant non pas un salut limité comme l'ancien agneau, animal mais un Agneau qui pardonnera et effacera le péché de ce monde. Le sang de Jésus Christ a été versé pour purifier les péchés de tous les hommes qui acceptent et croient qu'Il est le Fils de Dieu.
C'est déjà écrit dans le plan de Dieu à propos du salut du monde que Jésus Christ doit être livré aux mains des pécheurs pour être maltraité et tué mais malheur à celui qui L'a livré. Jésus l'a dit clairement à ses disciples. (Matthieu 26 :24) Qui peut le faire ? Des gens impies ou qui ne connaissent pas Dieu, disait Pierre donc il n'est pas surprenant s'ils aient été capables de crucifier Jésus sur la croix.
En ces temps-là, il y a eu déjà des gens qui ne connaissaient pas Dieu mais aujourd'hui il semble que le nombre augmente encore plus. L'homme croît en connaissance, en savoir et en compétence mais il croît également dans l'éloignement de Dieu.

Où passe le chemin de la plupart des gens dans ce monde ? Parmi les réponses données par Paul est ceci : « *Leur fin sera la perdition* » (Philippiens 3 :19a) Et pour nous les croyants ? C'est encore Paul qui répond en déclarant : « *Mais notre cité à nous est dans les cieux, d'où nous attendons aussi comme Sauveur le Seigneur Jésus Christ* » (Philippiens 3 :20)

4. La sagesse de Dieu est une folie pour l'homme

«Celui que le Père a sanctifié et envoyé dans le monde, vous lui dites: Tu blasphèmes! Et cela parce que j'ai dit: Je suis le Fils de Dieu »

Jean 10 :36

Jésus Christ fut tué sur la croix, c'est là que les hommes l'ont offert et ont versé son sang. Un meurtre de la façon la plus ignoble car c'était une façon de tuer une personne ayant fait un grand crime dans la société, une façon montrant que celui qu'on va tuer est maudit. Oui, Jésus le Fils de Dieu a été maudit. Cris et hurlements pour annoncer : « *Et ils crièrent: Crucifie, crucifie-le! »*(Luc 23 :21) La sagesse de Dieu qu'Il a déjà montré depuis les temps des Prophètes est d'envoyer son Fils Unique pour sauver le monde.

L'annonçant, Esaïe dit : « *Car un enfant nous est né, un fils nous est donné, et la domination reposera sur son épaule; On l'appellera Admirable, Conseiller, Dieu puissant, Père éternel, Prince de la paix.* »(Esaïe 9 :5). C'était déjà dans le plan de Dieu de sauver tous les hommes perdus et morts dans leur péché, et c'était Jésus Christ son fils qu'il avait invité à accomplir cette œuvre de salut. C'est la plus grande révélation de l'amour et de la sagesse infinie de Dieu pour sauver tous les hommes de leur péché. Seulement la plupart des gens ne le croient pas. Ils pensaient que c'était une folie alors quand ils ne trouvaient plus rien pour inculper Jésus, leur dernier recours était de mettre en place de faux témoignages. (Matthieu 26 :59-60)

Si les gens d'aujourd'hui demeurent encore dans l'incroyance telle les Pharisiens et les Scribes en ces temps-là alors ils auront les mêmes pensées et les mêmes langages et diront que Jésus est un blasphémateur. Ils ne comprendront pas l'amour et la sagesse extrême dans le sacrifice de Jésus Christ.

Mais les hommes qui ont senti cet amour de Dieu comprennent la profondeur de l'amour de Dieu pour eux. L'apôtre Paul en était le premier et disait : « *Car la prédication de la croix est une folie pour ceux qui périssent; mais pour nous qui sommes sauvés, elle est une puissance de Dieu* » (I Corinthiens 1 :18). Les serviteurs de Dieu, Samuel Hatzakortzian et sa femme Dorothée, dans leur livre intitulé « *Le triomphe de la croix* » (page 11-15) crient un avertissement car les prédications de l'Évangile qui ne prêchent plus cette croix et enlèvent la croix dans l'annonce de la Bonne Nouvelle se répandent actuellement. Prêcher Jésus Christ mais sans la croix. La foi sans la croix, disent le couple de serviteurs, est comme un ciel sans soleil, un puits sans eau (p. 7). Et Samuel et Dorothée, ainsi que certains théologiens cités dans leur livre, insistent que la croix est le centre de l'histoire de ce monde. C'est ce qui marque toutes les réalités de la vie de l'humanité. Toute tourne autour de la croix.

L'obéissance de Jésus Christ pour mourir sur la croix est la première étape de notre salut, à vous et à moi.

L'acceptation ainsi que la soumission à cette vérité sont les seules conditions de la rémission de tous nos péchés, Il nous a racheté par ce sang versé. Cela dépasse l'entendement mais il faut la prendre avec foi dans une profonde humilité.

5. L'unique chemin de la victoire

Non, je vous le dis. Mais si vous ne vous repentez, vous périrez tous également.

Luc 13 :5

Le fait que Dieu ait offert son Fils Unique pour mourir sur la croix après avoir été maltraité, ignoré, craché dessus, injurié et battu par des gens pécheurs, doit produire un cœur meurtri pour ceux qui entendent cela. Et le cœur meurtri sera invité à la repentance, accueilli et approuvé par Dieu. C'est ce que le roi David a dit quand il s'est repenti de ses péchés : « *Les sacrifices qui sont agréables à Dieu, c'est un esprit brisé: O Dieu! Tu ne dédaignes pas un cœur brisé et contrit* » (Psaume 51 :19)

D'un cœur simple, on admet que c'est injuste, illégal ce que les gens ont fait pour le Fils de Dieu qui est sans défaut, sans péché, qui n'a fait aucun mal, et que tous les gens qui l'ont côtoyé ont ressenti cela mais ils L'ont tué d'une façon la plus ignoble. La crucifixion est une peine pour une personne maudite ! Vous et moi ainsi que tous les hommes pécheurs auraient dû être maudits et punis sévèrement mais le Fils de Dieu a porté en Lui mes péchés et tes péchés. C'est la volonté de Dieu de nous sauver, vous, moi et tous les hommes.

Cela nous a-t-il amené à la repentance ?

Souvenez-vous des premières paroles prononcées par Jésus quand Il a commencé à prêcher : « *Repentez-vous, car le royaume des cieux est proche.* » (Matthieu 4 :17) Jean Baptiste a prêché cela aussi.

La mission sur terre que Dieu a donnée à son Fils est d'amener les gens à la repentance, depuis qu'Il a commencé son œuvre ou quand Il a enseigné et prêché jusqu'à sa mort sur la croix. Qui a su et reçu la raison de cette mission de Jésus ?

Heureux êtes-vous si vous avez entendu et reçu cela. Cette repentance est le seul chemin pour entrer dans la vie avec Dieu, vie de victoire parce que tous ceux qui ont offert leur vie à Jésus Christ ont crucifié la chair avec ses passions et ses désirs (Galates 5 :24) et ne seront plus asservis. Vivre librement sans être sous le joug du péché.

Homme affranchi, vraiment libre car le Fils de Dieu l'a libéré comme Jésus a dit aux Juifs qui l'ont cru : « *Si donc le Fils vous affranchit, vous serez réellement libres.* » (Jean 8 :36) Sentiment que les gens qui refusent de se repentir ne ressentent jamais. Ils ne le comprennent ni ne le connaissent parce que cela vient de l'esprit. (I Corinthiens 2 :14) Le plus dangereux et le plus effrayant actuellement est de ne pas assez prêcher cette repentance. Les chrétiens se penchent plus vers diverses œuvres et même les campagnes évangéliques ressemblent plutôt à une invitation pour rejoindre une église et non pas une invitation pour la repentance véritable pour l'entrée au royaume de Dieu. D'autres prédications de l'évangile penchent vers diverses bénédictions en convaincant les gens qu'il n'y a pas de pauvreté en Dieu mais cela a un retour, il faut donner à Dieu pour recevoir les bénédictions et la prospérité par la suite. C'est ce qu'on appelle « évangile de prospérité ».

Mais ce n'est pas du tout l'Evangile offert par Paul car il dit : « *Je vous ai enseigné avant tout, comme je l'avais aussi reçu, que Christ est mort pour nos péchés, selon les Écritures; qu'il a été enseveli, et qu'il est ressuscité le troisième jour, selon les Écritures* » (I Corinthiens 15:3-4). Christ est mort pour nos péchés, il a été enseveli et ressuscité le troisième jour selon les Écritures. C'est l'évangile que tout le monde doit recevoir et partager aux autres comme l'a fait Paul et il produira la repentance pour ceux qui le reçoivent.

Plusieurs personnes disent croire en Dieu, croient en Jésus Christ, actifs pour aller à l'église mais qui ne sont pas encore passés par la repentance. C'est une foi dans laquelle on ne voit pas la volonté de Dieu, foi qui sera impuissante et qui ne fait pas entrer dans le royaume de Dieu. Ces personnes peuvent réaliser d'importantes et de nombreuses choses mais comme elles ne sont pas encore à l'intérieur du champ de Dieu à cause de leur non repentance, elles ne sont pas reconnues de Dieu ni de Jésus (Matthieu 7 :21). Elles ont déjà appelé Jésus leur Seigneur mais Jésus ne les connaît pas car elles ne se sont pas repenties. Détresses et déceptions gagnent de telles personnes. La foi qui ne passe pas par la repentance est semblable à une maison sans même une petite base qui s'effondre juste dès le passage du vent.

Passez d'abord par la repentance car c'est le premier et unique chemin pour entrer dans le royaume de Dieu.

V. LA PLUS GRANDE FOLIE DE DIEU

1. Le sacrifice de son Fils Jésus sur la croix

« Il n'y a donc maintenant aucune condamnation pour ceux qui sont en Jésus Christ. »

Romains 8 :1

Si folie de Dieu il y a, celle-ci serait la plus grande. Personne ne sacrifierait son fils unique pour sauver les autres. Aucun homme n'abandonne son héritier pour être maltraité alors qu'il n'a rien fait de mal ni commis aucun crime. Mais au contraire Dieu a donné son Fils unique pour être maltraité par l'homme et être crucifié.

Dans l'histoire des enfants d'Israël, peuple élu de Dieu, un animal sans défaut est offert en sacrifice. Mais ici Dieu Lui-même apporte un sacrifice et c'est son Fils unique sans défaut qu'Il a offert, et son sang versé sur la croix purifie tous ceux qui croient en Lui.

C'est un sacrifice unique mais qui efface les péchés de tous les hommes de génération en génération pour toujours pour ceux qui l'acceptent. Il n'y a plus aucune condamnation pour ceux qui reçoivent ce sacrifice fait par Jésus Christ. (Romains 8 :1)

Certains groupes religieux ne peuvent accepter cela. Comment, disent-ils, est-ce certain ? Dieu peut-il abandonner son Fils pour mourir sur la croix ? Et si Jésus est aussi Dieu, pourquoi a- t-il accepté de souffrir, d'être maltraité par des pécheurs et de mourir sur la croix ? Or telle est la voie choisie par Dieu pour sauver les hommes. Donc celui qui croit et reçoit ce salut fait par Jésus sera sauvé.

C'est la plus grande expression d'amour que Dieu a faite pour l'homme par le biais de Jésus-Christ. Amour incompréhensible, illimité, révélant une très profonde humilité que l'intelligence humaine ne peut comprendre. C'est également le summum de l'amour comme l'exprime Jésus : « *Il n'y a pas de plus grand amour que de donner sa vie pour ses amis.* »(Jean 15 :13). Cela démontre aussi l'exactitude de ce verset : « *Car mes pensées ne sont pas vos pensées, Et vos voies ne sont pas mes voies, dit l'Éternel. Autant les cieux sont élevés au-dessus de la terre, autant mes voies sont élevées au-dessus de vos voies, et mes pensées au-dessus de vos pensées.* » (Esaïe 55:8-9)

Selon les Ecritures, les distances entre la terre et les cieux sont très grandes, ainsi il n'est pas étonnant si l'homme ne peut saisir et s'il pense que c'est une folie de Dieu d'avoir offert Jésus en sacrifice sur la croix pour le sauver. Ceux qui raisonnent e cette manière pensent détenir la vérité et savoir ce qui est juste mais il est écrit : « *En ce temps-là, Jésus prit la parole, et dit: Je te loue, Père, Seigneur du ciel et de la terre, de ce que tu as caché ces choses aux sages et aux intelligents, et de ce que tu les as révélées aux enfants.* »(Matthieu 11 :25).

L'apôtre Paul aussi affirmait clairement que : « *Car la folie de Dieu est plus sage que les hommes, et la faiblesse de Dieu est plus forte que les hommes* » (I Corinthiens 1:25)

Ceux qui ne croient pas en Dieu acceptent-ils cela ?- Pour ceux qui refusent, on croit qu'ils sont ce que Jésus appelait : « *fils de perdition* » (Jean 17 :12b)

2. Le sermon pour guérir le monde

a) A part la prière et le témoignage, la prédication est un outil ou un moyen pouvant guérir le monde. Or d'après Paul, même cette prédication, constitue encore une folie aux yeux de ceux qui ne croient pas. Mais la prédication est un moyen apporté par Dieu pour sauver les croyants. Constatez par cela la différence entre la vision de l'homme et celle de Dieu. Très éloignées ! Ce que l'homme pense être une sagesse ne le conduit pas à la connaissance de Dieu.

Mais que recherchent les incroyants ?

Selon Paul, Les Juifs recherchent des signes, soit quelque chose de visibles, palpables et extraordinaires ; les païens par contre, s'ils recherchent la sagesse c'est pour qu'ils puissent identifier Dieu par tous Ses aspects, pour comprendre qui est vraiment Dieu, et ils n'accepteront son existence que s'ils peuvent l'expliquer. Ils ne savent pas que leur esprit est limité et que Dieu est illimité alors comment l'esprit limité de l'homme pourra-t-il comprendre et expliquer un Dieu illimité ? Cependant, cette fois encore, l'homme pense qu'essayer de comprendre Dieu est la sagesse ultime et qu'il est absurde d'admettre qu'on ne peut pas expliquer Dieu.

Et les Juifs non croyants, et les païens, insistent sur ce qu'ils pensent être la sagesse tandis que les croyants, Juifs et païens, n'ont rien à dire sauf la prédication de Jésus Christ, surtout Jésus Christ crucifié qui est la puissance et la sagesse de Dieu. (I Corinthiens1 :24). Or c'est justement la plus grande folie pour les païens et un grand scandale pour les Juifs non croyants. (I Corinthiens 1 :23).

Une grande question résulte de tout cela : Comment Dieu pourra sauver les incroyants ayant cette façon de penser ?

b) Le témoignage:

C'est une pratique qui a également du succès. Les gens convertis, qui possèdent le Saint-Esprit, ont les caractères énumérés dans Galates 5 :22-23 : « *Mais le fruit de l'Esprit, c'est l'amour, la joie, la paix, la patience, la bonté, la bénignité, la fidélité, la douceur, la tempérance; la loi n'est pas contre ces choses*». Ces qualités qui régissent leur vie sont perçues et ressenties par leur entourage ; ce qui les amènent à servir Dieu. Le plus triste est la présence des personnes appelées Chrétiens mais dont on ne perçoit pas ces qualités dans leur interaction avec les autres, et cela pousse quelques-uns voire beaucoup à ne plus rejoindre l'église. Une jeune fille racontait l'histoire suivante : *« Ma mère est une chrétienne, zélée et fervente pour la prédication de l'Evangile, chasse les démons tous les jours mais quand elle est à la maison, elle est très méchante »* Elle disait ceci en terminant son histoire : *« Les démons chassés par Maman à l'extérieur la suivent à la maison »*

Hélas ! Même dans leur foyer certains chrétiens rendent un mauvais témoignage du Seigneur !

Pourtant, on devrait toujours méditer ces simples mais limpides Paroles de Jésus : « *Vous êtes le sel de la terre - Vous êtes la lumière du monde* » (Matthieu 5 :13-14)

3. Qui est Jésus Christ?

a) Selon Dieu:

Dieu, le Père de Jésus Christ L'a annoncé directement quand on L'a baptisé. On a entendu une voix venant du ciel disant : « *Et voici, une voix fit entendre des cieux ces paroles: Celui-ci est mon Fils bien-aimé, en qui j'ai mis toute mon affection* » (Matthieu 3 :17)

b) Selon ceux qui l'ont côtoyé :

- Jean Le Baptiste

Il était envoyé précéder Jésus, envoyé pour préparer son chemin, pour prêcher le baptême de la repentance. Il a bien su son rôle et sa place en déclarant : « *Je ne suis pas le Christ* » (Jean 1 :20). Il a aussi affirmé : « *Moi, dit-il, je suis la voix de celui qui crie dans le désert: Aplanissez le chemin du Seigneur, comme a dit Ésaïe, le prophète.* » (Jean 1 :23). Et Il a énoncé la vérité à propos de Jésus en disant : « *Le lendemain, il vit Jésus venant à lui, et il dit: Voici l'Agneau de Dieu, qui ôte le péché du monde* » (Jean 1 :29)

Et Jean Le Baptiste a reçu une faveur spéciale en ayant une vision pour qu'il croie vraiment que Jésus était le Fils de Dieu. Voici ce qu'il a déclaré : « *Jean rendit ce témoignage: J'ai vu l'Esprit descendre du ciel comme une colombe et s'arrêter sur lui. Je ne le connaissais pas, mais celui qui m'a envoyé baptiser d'eau, celui-là m'a dit: Celui sur qui tu verras l'Esprit descendre et s'arrêter, c'est celui qui baptise du Saint Esprit. Et j'ai vu, et j'ai rendu témoignage qu'il est le Fils de Dieu* » (Jean 1 :32-34)

- André :

  Il a dit simplement à son frère Pierre : « *Nous avons trouvé le Messie (ce qui signifie Christ)* » (Jean 1 :41)

- Les Samaritains:

  « *Et ils disaient à la femme: Ce n'est plus à cause de ce que tu as dit que nous croyons; car nous l'avons entendu nous-mêmes, et nous savons qu'il est vraiment le Sauveur du monde.* » (Jean 4 :42)

  Les Samaritains n'ont pas de relations ni de négoces avec les Juifs en ces temps-là, mais ils étaient intéressés par ce que Jésus a dit et ils le prièrent de rester auprès d'eux. Et Il resta là deux jours.

- Nathanaël :

  Il dit: « *Rabbi, tu es le Fils de Dieu, tu es le roi d'Israël* » (Jean 1 :49)

- Pierre:

  Quand Jésus demanda à ses disciples : « *Et vous, leur dit-il, qui dites-vous que je suis?* » Pierre répondit: « *Tu es le Christ, le Fils du Dieu vivant.* »(Matthieu 16 :16)

C'est une question que Jésus a posée à ses disciples quand plusieurs de ses disciples se retirèrent car ils ne crurent pas en Lui, et Il demanda aux douze: « *Et vous, ne voulez-vous pas aussi vous en aller?* » Pierre lui répondit: « *Seigneur, à qui irions-nous? Tu as les paroles de la vie éternelle. Et nous avons cru et nous avons connu que tu es le Christ, le Saint de Dieu* » (Jean 6 :68-69)

- Marthe:

Elle parla avec Jésus à propos de son frère Lazare qui était déjà mort mais Jésus dit : « *Je suis la résurrection et la vie. Celui qui croit en moi vivra, quand même il serait mort; et quiconque vit et croit en moi ne mourra jamais. Crois-tu cela? Elle lui dit: Oui, Seigneur, je crois que tu es le Christ, le Fils de Dieu, qui devait venir dans le monde* » (Jean 11 :25-27)

- Le Centenier et sa garde:

Au moment de la mort de Jésus sur la croix, plusieurs évènements ont eu lieu: le voile du temple se déchira en deux, depuis le haut jusqu'en bas. Il y a eu un fort tremblement de terre, les rochers se fendirent.

Et le centenier et ceux qui étaient avec lui pour garder Jésus, ayant vu tout cela dirent : « *Assurément, cet homme était Fils de Dieu* » (Matthieu 27 :54)

- Thomas:

Celui qui n'a pas voulu croire s'il ne voyait pas Jésus devant lui en montrant ses mains et son côté, dit : « *Mon Seigneur et mon Dieu!* » (Jean 20 :28)

c) Selon Jésus Christ lui-même :

- Je le suis :

« *Le souverain sacrificateur l'interrogea de nouveau, et lui dit: Es-tu le Christ, le Fils du Dieu béni? Jésus répondit: Je le suis. Et vous verrez le Fils de l'homme assis à la droite de la puissance de Dieu, et venant sur les nuées du ciel* » (Marc 14 :62)

- Je suis le Christ:

Quand Jésus discuta avec la femme Samaritaine près du puits, la femme dit que le Messie viendra. « *La femme lui dit: Je sais que le Messie doit venir (celui qu'on appelle Christ); quand il sera venu, il nous annoncera toutes choses. Jésus lui dit: Je le suis, moi qui te parle.*» (Jean 4 :26)

- Je suis le pain de vie :
  Jésus dit aux gens de la foule qui Le suivirent ; « *Je suis le pain de vie - Je suis le pain vivant qui est descendu du ciel* » (Jean 6 :35, 38, 51)

- Je suis la lumière du monde :
  « *Jésus leur parla de nouveau, et dit: Je suis la lumière du monde; celui qui me suit ne marchera pas dans les ténèbres, mais il aura la lumière de la vie* » (Jean 8 :12)

- Je suis la porte des brebis :
  « *Jésus leur dit encore: En vérité, en vérité, je vous le dis, je suis la porte des brebis. Je suis la porte. Si quelqu'un entre par moi, il sera sauvé; il entrera et il sortira, et il trouvera des pâturages.* » (Jean 10 :7, 9)

- Je suis le bon berger :
  « *Je suis le bon berger. Le bon berger donne sa vie pour ses brebis.- Je connais mes brebis, et elles me connaissent* » (Jean 10 :11, 14)

-Je suis la résurrection et la vie :
« *Jésus lui dit: Je suis la résurrection et la vie. Celui qui croit en moi vivra, quand même il serait mort* » (Jean 11 :25)

- Je suis le chemin, la vérité, et la vie :

« *Jésus lui dit: Je suis le chemin, la vérité, et la vie. Nul ne vient au Père que par moi* » (Jean 14 :6)

- Je suis le cep :
  « *Je suis le vrai cep, et mon Père est le vigneron*» (Jean 15 :1)

- Je suis Jésus :
  « *Il répondit: Qui es-tu, Seigneur? Et le Seigneur dit: Je suis Jésus que tu persécutes* » (Actes 9 :5)

4. L'œuvre prioritaire de Dieu

« Jésus leur répondit: L'œuvre de Dieu, c'est que vous croyiez en celui qu'il a envoyé »

Jean 6 :29

Qu'importe l'état du cœur de l'homme, surtout ceux qui ne croient pas, même s'ils sont déjà appelés fils de la perdition, Dieu n'arrête pas de chercher tous les moyens pour les attirer pour qu'ils ne perdent pas. Dieu use de toute sa patience car Il ne veut pas qu'aucun périsse mais qu'ils arrivent tous à la repentance. (II Pierre 3 :9) Pouvons-nous imaginer et comprendre cette patience de Dieu ? Quelle sorte d'attitude est-ce ? En effet, le commun des mortels ne peut imaginer qu'un homme qui ne croit pas, qui s'obstine dans ses idées, pourrait un jour changer, mais que Dieu, usant de sa patience, attend encore le moment de le voir se repentir !

L'homme en tant que tel peut-t-il comprendre cela ?

Or c'est ainsi qu'est Dieu, c'est ce qu'Il est envers tout le monde, croyant ou non. Appeler le non croyant à la repentance, c'est la tâche continuelle de Dieu. En effet, la repentance mène l'homme sur le chemin de l'humilité : dès qu'il est convaincu de son état de pécheur, il décidera de quitter définitivement ce péché.

L'homme repenti est semblable à un animal sauvage dompté par l'homme et qui est libéré de son état sauvage sachant ainsi vivre avec l'homme. L'homme entêté auparavant devient docile, discuteur et plein de verve auparavant devient soumis et obéissant.

Le chemin se poursuit dans la foi et l'acceptation de Jésus pour son Seigneur et Sauveur. C'est le second œuvre essentiel de Dieu (I Jean 3 :23). Jésus Christ en discutant directement avec la foule dit clairement : « *L'œuvre de Dieu, c'est que vous croyiez en celui qu'Il a envoyé* » (Jean 6 :29). Et après que l'homme ait cru en Jésus, quelle est la suite? Dieu enverra le Saint Esprit pour le marquer comme étant son fils. (Ephésiens 1 :13). C'est le scellage indélébile, qui fait entrer le croyant dans la famille de Dieu comme dit Jésus : « *Personne ne les ravira de ma main.*» (Jean 10 :28)

C'est là que ceux qui croient en Jésus entament ce qu'on appelle « *la vie éternelle* ». Une vie dans la paix et la tranquillité. Même si on vit encore dans ce monde plein de difficultés et de tracas, expérimentant comme les autres l'insuffisance, faisant face à divers problèmes comme les maladies, la fatigue etc…, on ressent la paix dans le cœur. Pourquoi ? Il y a le Saint Esprit qui encourage et renforce. Si le non croyant ne pourra jamais ni imaginer ni comprendre cette vie, l'homme introduit dans le royaume de Dieu vit cette paix même s'il est encore sur la terre.

Il débute la vie éternelle car Jésus la lui a offerte et il ne sera plus perdu selon ce que Jésus a dit auparavant dans Jean 10 :28. C'est la vie éternelle que les théologiens appellent : « *le déjà et le pas encore* ».

C'est en cela que consiste l'œuvre essentielle et prioritaire de Dieu mais elle reste cachée pour ceux qui ne croient pas et qui ne veulent pas croire en Lui. D'ailleurs, Jésus a dit aux Pharisiens : « *Si vous étiez aveugles, vous n'auriez pas de péché. Mais maintenant vous dites: Nous voyons. C'est pour cela que votre péché subsiste.* » (Jean 9 :41)

5. Les souhaits de Dieu

« ...ne voulant pas qu'aucun périsse, mais voulant que tous arrivent à la repentance. »

II Pierre 3 :9b

Nous avons déjà parlé dans la partie précédente du fait que Dieu attend avec patience que tous les hommes parviennent à la repentance. Dieu peut envoyer Jésus Christ même tout de suite pour juger le monde mais, primo, Il veut d'abord que tous les hommes entendent l'Evangile, secundo, Il donne encore du temps pour réfléchir après avoir entendu et enfin prendre une décision : croire ou non. C'est justement ce que l'apôtre Pierre dit : « *Le Seigneur ne tarde pas dans l'accomplissement de la promesse, comme quelques-uns le croient; mais il use de patience envers vous, ne voulant pas qu'aucun périsse, mais voulant que tous arrivent à la repentance* » (II Pierre 3 :9)

Cependant Jésus ne fait qu'attendre, Il se tient à la porte du cœur de l'homme et frappe. Si celui-ci accepte de le faire entrer alors Il entrera et demeurera avec lui. C'est l'image dans Apocalypse 3 :20. Jésus n'oblige pas, Il n'ordonne pas, mais demande, attend la réponse, juste comme un étranger qui frappe à notre porte.

Si nous ouvrons la porte et le faisons entrer alors Il entrera. Si nous n'ouvrons ou si nous ouvrons mais ne le faisons pas entrer, Il restera dehors. Mais quel est le souhait de Dieu quand Il frappe à notre porte ? C'est que nous ouvrions notre porte et Le faisons entrer. Imaginez un peu Dieu frappant doucement à notre porte ! On peut dire que ce n'est qu'une image mais cette vision nous la voyons dans notre vie quotidienne.

Il existe des choses qui arrivent dans notre vie, qui nous rendent heureux, ou tristes, ou stressés mais toutes ces choses peuvent être utilisées par Dieu pour nous inviter à venir à Lui. Cependant, ce sont toujours nos difficultés et nos dépressions qui nous attirent le plus à rechercher Dieu tels la misère et les diverses catastrophes. Néanmoins, il n'est pas obligatoire que Dieu agisse toujours de la même manière pour appeler les gens à venir à Lui mais également dans la vie quotidienne en disant : « *Mon fils, donne-moi ton cœur, Et que tes yeux se plaisent dans mes voies* » (Proverbes 23 :26)

Dieu révèle son plus profond désir pour l'homme par ces Paroles : que nous Lui offrions tout ce qui nous concerne. Mais malgré ce désir, Dieu donne le libre choix à tous les hommes, Il respecte l'option de chacun. Il révèle son souhait et présente à l'homme la voie qu'il faut suivre. Voyez ce qu'il dit dans Deutéronome 30 :19-20 : « *J'en prends aujourd'hui à témoin contre vous le ciel et la terre: j'ai mis devant toi la vie et la mort, la bénédiction et la malédiction. Choisis la vie, afin que tu vives, toi et ta postérité, pour aimer l'Éternel, ton Dieu, pour obéir à sa voix, et pour t'attacher à lui* »

En effet, il n'y a que deux sortes de vie : la vie qui mène à la vie éternelle pleine de paix et celle qui conduit au tourment éternel appelé la mort. Dieu montre ces deux voies et il appartient à l'homme de choisir celle qu'il veut prendre. Et Dieu conseille en disant simplement : « *Choisis la vie, afin que tu vives, toi et ta postérité* » et cette vie n'est autre que « *pour aimer l'Éternel, ton Dieu* ».

Hélas, l'homme a une autre voie qu'il pense pouvoir le rendre heureux, mais voilà que cela le conduit à la mort.

C'est ce qui est déjà annoncé deux fois par les Proverbes : « *Telle voie paraît droite à un homme, Mais son issue, c'est la voie de la mort* » (Proverbes 14 :12 et 16 :25).

6. La Patience de Dieu

« Le Seigneur ne tarde pas dans l'accomplissement de la promesse, comme quelques-uns le croient; mais il use de patience envers vous... »

II Pierre 3 :9a

Qui est la personne qui puisse supporter et endurer les sottises d'autrui à ses dépens ? Existe-il quelqu'un pouvant avoir de la patience devant les erreurs d'un autre, erreurs répétées, impossibles à corriger? Il est difficile en général pour l'homme d'avoir la patience pour cela. Non seulement les erreurs, mais les différences de modes de vie ou de points de vue, peuvent séparer des gens et les amener à ne plus vivre ensemble. Heureusement, Dieu n'est pas comme cela. On dit que Dieu est riche en bonté, en patience et en longanimité. (Romains 2 :4a) Tout cela parce que ces qualités font partie intégrante de ce qu'Il est, en ce qu'Il est Amour (I Jean 4:8,16)

Dieu est riche de tout cela tandis que l'homme en est vraiment pauvre. Mais pourquoi Dieu possède-t-il ces caractères ? Parce que c'est ce qu'Il est, c'est son essence-même, un élément inclus dans le fait qu'Il soit Amour. (I Jean 4 :8, 16). Il n'y a aucun mal en Dieu et son but consiste à amener les hommes à se départir du mal par le seul moyen qui est la repentance. (Romain 2 :4b)

L'homme pense savoir ce qu'est la sagesse, ainsi ceux qui ne se conforment pas à son raisonnement ne peuvent ni coopérer ni cohabiter avec lui. Modes de vie différents, cohabitation impossible.

Voici ce qui est surprenant : les hommes, à mesure qu'ils cohabitent, ils se battent ; au contraire les animaux cohabitent très bien quand ils restent ensemble assez longtemps même s'ils ne sont pas de la même espèce comme le chat et le chien. Pourquoi cela ? A cause de l'orgueil de l'homme, de sa fierté, ne supportant pas le caractère d'autrui.

Pensez-y: si Dieu ne supporte pas l'état d'esprit des hommes enclins aux péchés et à tous les maux ? Oui, Dieu ne pouvait pas les supporter mais c'est justement dans cette circonstance qu'Il montre sa nature. Il attend et espère que l'homme prenne conscience et change de direction et d'allure.

L'homme pense connaitre la vérité mais cette vérité qu'il pense connaitre vient de l'enseignement du démon qui a corrompu cette vérité. Et la patience de Dieu

amène l'homme à reconnaitre la pure vérité. « *Qui veut que tous les hommes soient sauvés et parviennent à la connaissance de la vérité* » (I Timothée 2 :4)
Est-ce de cela dont l'homme a soif? Non ! Beaucoup n'y pensent même pas puisqu'ils s'en tiennent à « leur » vérité absolue. Mais où peut-on trouver la vérité absolue ? Voici la réponse de Jésus : « *Ta parole (Dieu) est la vérité* » (Jean 17 :17). Et cette Parole n'est autre que Jésus Christ selon ce qui est écrit en Jean 1 :1-3 et ce que Jésus Lui-même déclare : « *Je suis le chemin, la vérité et la vie* » (Jean 14 :6)

Il est inimaginable que l'homme puisse accepter cette vérité. C'est justement pour cela que la Parole de Dieu met en exergue la patience et la miséricorde de Dieu connues depuis que Dieu a parlé à Moïse au temps des enfants d'Israël : « *Et l'Éternel passa devant lui, et s'écria: L'Éternel, l'Éternel, Dieu miséricordieux et compatissant, lent à la colère, riche en bonté et en fidélité* » (Exode 34 :6). Depuis ces temps-là, Dieu a affirméque la patience et la miséricorde sont des facettes de sa personnalité. Et jusqu'à maintenant, Il semble conforter cela en disant : « *Devenez donc les imitateurs de Dieu, comme des enfants bien-aimés* » (Ephésiens 5 :1). Je crois que c'est summum de la patience de Dieu. Il veut que, vous et moi, devenions comme Lui en l'imitant. Jésus a d'ailleurs dit : « *Soyez donc parfaits, comme votre Père céleste est parfait* » (Matthieu 5 :48)

Etre l'égal de Dieu? Impensable ! Être parfait comme Lui ? Par quel moyen y parvenir ? Cependant, Jésus a dit : « *Cela est impossible aux hommes, mais non à Dieu: car tout est possible à Dieu* » (Marc 10 :27). Puisque Jésus l'a dit, c'est réalisable. On ne nous demande qu'une chose : la foi suivie de confiance et d'obéissance. Dans l'histoire, seul un homme a osé dire qu'il a imité le Christ, c'est l'apôtre Paul, il dit : « *Soyez mes imitateurs, comme je le suis moi-même de Christ* » (I Corinthiens 11 :1)

Depuis que l'homme a péché jusqu'à ce moment où vous lisez ce livre, Dieu a toujours manifesté sa patience. Il vous attend pour revenir à Lui, il n'y a pas de vie agréable et paisible en dehors de l'enclos de Dieu. Jésus a dit : « *Je suis venu afin que les brebis aient la vie, et qu'elles soient dans l'abondance* » (Jean 10 :10). Désirez-vous avoir une vraie vie ? C'est aussi le souhait de Dieu et cette vie est en Jésus Christ.

7. L'attachement de l'homme au mal

Pourquoi l'homme s'attache-t-il au mal ?

- Parce qu'il pense que c'est bien et qu'il y trouve du plaisir. S'il trouve quelque chose d'impure, il est très heureux de le regarder ; s'il mange et boit de l'alcool, il y prend goût ; s'il est plongé dans l'adultère, il reçoit de la satisfaction charnelle ! Il appelle même cette dernière « *péché mignon* ».
  Ce ne sont que des plaisirs physiques : « *Car tout ce qui est dans le monde, la convoitise de la chair, la convoitise des yeux, et l'orgueil de la vie, ne vient point du Père, mais vient du monde.* » (I Jean 2 :16). Ces sources de plaisir sont les pièges de Satan qui font tomber les hommes dans les sables mouvants du péché !

- Parce que l'homme qui agit mal ne reçoit pas immédiatement sa rétribution, il s'attache à ce qu'il aime faire. N'est-il pas déjà annoncé par les Ecritures ? « *Parce qu'une sentence contre les mauvaises actions ne s'exécute pas promptement, le cœur des fils de l'homme se remplit en eux du désir de faire le mal.* »(Ecclésiaste 8 :11)
- Aveuglé par les péchés:
  C'est ce que l'apôtre Paul a dit: " *puisque ayant connu Dieu, ils ne l'ont point glorifié comme Dieu, et ne lui ont point rendu grâces; mais ils se sont égarés dans leurs pensées, et leur cœur sans intelligence a été plongé dans les ténèbres* » (Romains 1 :21)

Il est écrit ici qu'ils ont connu Dieu mais ils ne l'ont pas glorifié ni rendu grâces, ils ont ainsi nié l'existence de Dieu et se sont tournés vers la voie de la perdition.

- Se surestimer:

  Il est étonnant que le pécheur qui s'attache au mal se prenne pour un sage. Le psalmiste le dit comme ceci : « *Pourquoi, ô Éternel! Te tiens-tu éloigné? Pourquoi te caches-tu au temps de la détresse? Le méchant dans son orgueil poursuit les malheureux, Ils sont victimes des trames qu'il a conçues. Car le méchant se glorifie de sa convoitise, Et le ravisseur outrage, méprise l'Éternel. Le méchant dit avec arrogance: Il ne punit pas! Il n'y a point de Dieu! -Voilà toutes ses pensées. Ses voies réussissent en tout temps; Tes jugements sont trop élevés pour l'atteindre, Il souffle contre tous ses adversaires. Il dit en son cœur: Je ne chancelle pas, Je suis pour toujours à l'abri du malheur!* » (Psaumes 10 :1-6) Il a tellement confiance en lui qu'il pense être à l'abri de tout danger ! Incroyable !

- Le vide dans la vie des gens:

  Ce vide dans leur vie est aussi un des grands problèmes de gens si bien que chacun cherche ses propres moyens pour le combler.

  Vide du côté de l'amour et il a besoin de quelqu'un qui l'aime ; il veut assurer sa vie sur terre sous tous ses aspects et il se précipite sur tout ce qu'il pense le rendre heureux que ce soit argent ou richesse ou plaisir. Il veut avoir une vie paisible et il cherche à qui se fier ; c'est ce qui amène à toute sorte de servitude pour qui il pense pouvoir faire confiance. Mais, hélas ! Il n'a pas trouvé ce qui le satisfait. C'est même l'opposé de ce qu'il cherchait qui lui arrive et qu'il vit.

  Voilà pourquoi il compte sur les seules solutions qui le séduisent et s'y accroche durement. Et le diable profite de cette brèche pour étaler les besoins charnels par les divers plaisirs et la plupart des hommes sont attirés ! Cela amène les hommes à s'accrocher aux péchés tout en étant conscients que les plaisirs procurés ne durent pas mais sont éphémères.

- Quelles sont les conséquences du péché?

  Nous allons montrer ici un seul, ce que dit l'Ecclésiaste : « *Mais le bonheur n'est pas pour le méchant, et il ne prolongera point ses jours, pas plus que l'ombre, parce qu'il n'a pas de la crainte devant Dieu* » (Ecclésiaste 8 :13).

  Il n'y a pas de bonheur pour le méchant même s'il pense être heureux ; sa vie ne durera pas. La voie qu'il a choisie le mènera à la perdition et à la mort éternelle. Mais Dieu ne souhaite pas du tout cela car Il dit : « *Ce que je désire, est-ce que le méchant meure? dit le Seigneur, l'Éternel. N'est-ce pas qu'il change de conduite et qu'il vive?* » (Ezéchiel 18 :23)

C'est l'état d'esprit du Dieu que nous, croyants, nous adorons !

8. L'avenir de l'homme

- Cette vie se détériore:

  Les Ecritures ont déjà annoncé que dans les derniers jours cette vie se détériorera. Ce n'est pas la vie en tant que telle qui se détériore mais c'est l'état d'esprit de l'homme qui va de mal en pis si bien que cela affecte tout ce qui l'entoure, comme l'environnement. Voici ce que disent les Ecritures à ce sujet : « *Sache que, dans les derniers jours, il y aura des temps difficiles. Car les hommes seront égoïstes, amis de l'argent, fanfarons, hautains, blasphémateurs, rebelles à leurs parents, ingrats, irréligieux, insensibles, déloyaux, calomniateurs, intempérants, cruels, ennemis des gens de bien, traîtres, emportés, enflés d'orgueil, aimant le plaisir plus que Dieu, ayant l'apparence de la piété, mais reniant ce qui en fait la force. Éloigne-toi de ces hommes-là* » (II Timothée 3 :1-5). Dans tout cela, on parle de l'état d'esprit de l'homme. Tout ce qui est dit, nous le vivons déjà actuellement mais plus le temps avance, plus cela se renforce et se met en relief.

- Aucun appui:

On constate que la plupart des gens n'ont pas de base solide sur qui s'appuyer et compter. Ils vivent juste pour vivre, ils ne considèrent rien d'important à part prendre soin de son corps. Voilà pourquoi les Ecritures disent que l'égoïsme augmentera en premier, ensuite l'amour de l'argent. Ce sont deux choses qui vont toujours ensemble. Ils pensent que l'argent est un outil puissant et précieux qui leur donne satisfaction dans la vie mais ils n'ont ni esprit clair ni paix même s'ils gagnent beaucoup d'argent. : « *Celui qui aime l'argent n'est pas rassasié par l'argent, et celui qui aime les richesses n'en profite pas. C'est encore là une vanité* » (Ecclésiaste 5:9).

Cette affirmation est véridique : l'homme récolte ce qu'il sème. L'homme sème des graines pour son corps et il récolte des produits pour son corps tels les plaisirs et les divers excès sans fin et insatisfaisants si bien qu'il en recherche tous les jours. Comme avoir soif et boire de l'eau mais de l'eau salée, alors plus on boit plus on a soif. Telle est la vie de l'homme qui s'appuie sur l'argent et les richesses.

S'ajoute à cela le stress qui produit l'insomnie. Les Ecritures disent : « *Le sommeil du travailleur est doux, qu'il ait peu ou beaucoup à manger; mais le rassasiement du riche ne le laisse pas dormir* » (Ecclésiaste 5:11).

Il est triste de voir l''homme qui se confie aux choses terrestres mais qui ne connait ni ne croit à l'existence d'une vie qui apporte le vrai bonheur.

- Avoir la paix:

Comment ? Avec la foi et une confiance totale en Dieu et en Jésus Christ. L'homme selon la chair mentionné auparavant, s'appuie sur sa propre force et ses connaissances cherchant ce qui lui est utile. Mais celui qui croit en Dieu, recherche toujours la volonté de Dieu avant toute chose.

N'a-t-il pas besoin de manger et de gagner de l'argent ?

Si, il en a vraiment besoin mais cela ne tient pas la priorité dans sa vie. Dieu prend soin de lui. Voyez ce que disent les Ecritures à ce sujet : « *Ne vous inquiétez donc point, et ne dites pas: Que mangerons-nous? Que boirons-nous? De quoi serons-nous vêtus? Car toutes ces choses, ce sont les païens qui les recherchent. Votre Père céleste sait que vous en avez besoin. Cherchez premièrement le royaume et la justice de Dieu; et toutes ces choses vous seront données par-dessus* » (Matthieu 6 :31-33)

Dieu notre Père sait que nous avons besoin de manger, de boire et de se vêtir et Il nous donnera tout cela au moment où nous en aurons besoin. Et Il dit en nous rassurant : «. *Cherchez premièrement mon royaume et ma justice »*.

L'idéal de l'homme croyant en Dieu est de mettre en priorité la connaissance de sa volonté dans tout ce qu'il fait. C'est ce qu'il recherche et ce sur quoi il s'appuie chaque jour.

Ce qui fait son bonheur c'est d'avoir une paix intérieure. Il y a une sérénité et une tranquillité dans son cœur, son esprit et dans toute son âme.

Il éprouve encore des difficultés, des lacunes et des problèmes comme tout le monde, seulement il n'est ni anxieux ni inquiet parce que l'Esprit de Dieu lui donne confiance. C'est cette sérénité que l'homme qui n'a pas confiance en Dieu ne peut pas ressentir. Tel un homme qui ne peut ressentir la température ni la profondeur de l'eau d'une piscine tant qu'il n'y pénètre pas.

- Les promesses de Dieu:

Il dit: « *Car je connais les projets que j'ai formés sur vous, dit l'Éternel, projets de paix et non de malheur, afin de vous donner un avenir et de l'espérance* » (Jérémie 29 :11).

Comme les parents qui cherchent le bien-être de leurs enfants, Dieu agit pareillement et en mieux car Il connait très bien en détail chaque homme. Voici encore ce qu'Il dit : « *Ne crains rien, car je suis avec toi; Ne promène pas des regards inquiets, car je suis ton Dieu; Je te fortifie, je viens à ton secours, Je te soutiens de ma droite triomphante* » (Esaïe 41 :10).

Paroles remplies d'encouragement, surtout si vous entendez ces paroles lorsque vous avez des difficultés. Mais le plus agréable pour moi personnellement c'est la prière de Jésus Christ pour ses disciples : « *Je ne te prie pas de les ôter du monde, mais de les préserver du mal* » (Jean 17 :15).

Que dois-je encore craindre ? Jésus a déjà prié pour moi, demandant à son Père de me préserver du mal. Il n'y a pas de plus grande promesse.

Concernant la vie quotidienne, Dieu promet également à ceux qui croient en Lui en disant : « *Je t'instruirai et te montrerai la voie que tu dois suivre; Je te conseillerai, j'aurai le regard sur toi* » (Psaumes 32 :8).

Pour les personnes qui reçoivent une responsabilité particulière, comme Il l'a dit à ses nombreux serviteurs, Dieu le dit encore aujourd'hui: «*Va avec cette force que tu as* » (Josué 1:6 - Juges 6:14)

- Le future lointain:

La Mort – La Résurrection – Le Jugement:

Tout le monde, croyant en Dieu ou non, sait que personne ne restera éternellement sur terre. Tous passeront par la mort sauf ceux qui seront encore vivants lors de la venue du Seigneur sur les nuées du ciel. « *Voici, je vous dis un mystère: nous ne mourrons pas tous* » (I Corinthiens 15 :51) – « *Voici, en effet, ce que nous vous déclarons d'après la parole du Seigneur: nous les vivants, restés pour l'avènement du Seigneur, nous ne devancerons pas ceux qui sont morts. Car le Seigneur lui-même, à un signal donné, à la voix d'un archange, et au son de la trompette de Dieu, descendra du ciel, et les morts en Christ ressusciteront premièrement. Ensuite, nous les vivants, qui seront restés, nous serons tous ensemble enlevés avec eux sur des nuées, à la rencontre du Seigneur dans les airs, et ainsi nous serons toujours avec le Seigneur* » (I Thessaloniciens 4 :15-17).

Mais ce qui le distingue est la suite après la mort. Ceux qui croient en Dieu espèrent la résurrection du corps, un retour à la vie mais avec un changement physique selon ce qui est écrit aux I Corinthiens 15 :52-53 : *« en un instant, en un clin d'œil, à la dernière trompette, la trompette sonnera, et les morts ressusciteront incorruptibles, et nous, nous serons changés. Car il faut que ce corps corruptible revête l'incorruptibilité, et que ce corps mortel revête l'immortalité »*.

Un corps qui résiste à la mort et à la pourriture, un corps qui dure éternellement. Comme dit Paul dans I Corinthiens 15 :51, c'est un mystère. Un vrai mystère parce que c'est inimaginable, inaccessible à la connaissance mais reçu et accepté tout simplement par la foi.

Ceux qui croient en Jésus Christ, dit l'apôtre Paul, marche comme Jésus a marché.

« *Car, si nous croyons que Jésus est mort et qu'il est ressuscité, croyons aussi que Dieu ramènera par Jésus et avec lui ceux qui sont morts* » (I Théssaloniciens 4 :14)

Tous les hommes décédés ressusciteront et vivront éternellement mais les endroits où ils se trouveront seront totalement différents. Le livre de Daniel déclare : « *Plusieurs de ceux qui dorment dans la poussière de la terre se réveilleront, les uns pour la vie éternelle, et les autres pour l'opprobre, pour la honte éternelle* » (Daniel 12 :2).

Jésus Christ aussi le dit: « *Et ceux-ci iront au châtiment éternel, mais les justes à la vie éternelle* » (Matthieu 25 :46).

C'est clair, après ce qui vient d'être démontré, que seront séparées les places des justes et des coupables, ceux qui croient en Jésus Christ et ceux qui ne croient pas. L'homme sera jugé sur ce qu'il a fait sur terre et il répondra de la façon dont il s'est conduit. « *Lorsque le Fils de l'homme viendra dans sa gloire, avec tous les anges, il s'assiéra sur le trône de sa gloire. Toutes les nations seront assemblées devant lui. Il séparera les uns d'avec les autres, comme le berger sépare les brebis d'avec les boucs; et il mettra les brebis à sa droite, et les boucs à sa gauche. Alors le roi dira à ceux qui seront à sa droite: Venez, vous qui êtes bénis de mon Père; prenez possession du royaume qui vous a été préparé dès la fondation du monde. Ensuite il dira à ceux qui seront à sa gauche: Retirez-vous de moi, maudits; allez dans le feu éternel qui a été préparé pour le diable et pour ses anges* » (Matthieu 25:31-34, 41)

- Ne connaît pas le lendemain et est éphémère:

Personne ne peut exactement prédire ce qui lui arrivera demain, et même une minute après une discussion, l'homme ne peut jamais l'imaginer.

Un ami, étudiant en théologie, pendant nos études, en prenant une petite pause il a été heurté par une voiture, gravement blessé, il a été transporté à l'hôpital, mais le soir même il est décédé.

De même, une de mes élèves de l'école du dimanche, une jeune fille de dix-neuf ans, en bonne santé, était présente au cours du dimanche matin comme d'habitude. L'après-midi à quinze heures quand elle sortait de la maison pour aller assister à une réunion à l'église, elle fut heurtée par une voiture. Elle a été emmenée à l'hôpital mais le lendemain soir la mort l'a emportée.

Personne ne peut connaître son avenir et le temps de sa vie sur terre se passe assez rapidement. C'est ce que le Psaume 102 :12 dit : « *Mes jours sont comme l'ombre à son déclin, Et je me dessèche comme l'herbe* »

Tout cela soulève une importante question: Pourquoi la plupart des gens s'attachent-ils beaucoup aux choses de cette terre ? Une vie passagère qu'ils connaissent déjà.

Seules les Ecritures voient tous les aspects de la vie qui apparaissent dans la vie de l'homme et connaissent déjà l'avenir avertissant les gens pour cela. Afin de prévenir cet avenir, les Ecritures disent : « *Ainsi parle l'Éternel: Au temps de la grâce je t'exaucerai, Et au jour du salut je te secourrai ;* » (Esaïe 49 :8) « *Car il dit: Au temps favorable je t'ai exaucé, Au jour du salut je t'ai secouru. Voici maintenant le temps favorable, voici maintenant le jour du salut* » (II Corinthiens 6 :2).

VI. LES VERITABLES REPONSES AUX QUESTIONS

Quand on a posé le titre: « La sagesse des hommes et la folie de Dieu », la question qui vient tout de suite à l'esprit est : l'homme est-il vraiment sage et y a-t-il vraiment une folie en Dieu ?
Cet état d'esprit n'est pas nouveau dans l'histoire de l'être humain mais existe depuis longtemps. Cependant, l'histoire de la vie de Job montre vraiment une réponse claire de la question.
Dieu se tourne particulièrement vers Job et lui pose les diverses questions suivantes :

1. L'origine de l'homme et du monde

« Ceins tes reins comme un vaillant homme; Je t'interrogerai, et tu m'instruiras. »

Job 38 :3

Dieu demande à Job : (Job 38 :4-6)

- *Où étais-tu quand je fondais la terre? Dis-le, si tu as de l'intelligence.*
- *Qui en a fixé les dimensions, le sais-tu? Ou qui a étendu sur elle le cordeau?*
- *Sur quoi ses bases sont-elles appuyées? Ou qui en a posé la pierre angulaire ?*

2. La vie de la nature

(Job 38:12, 16, 22, 28)

- *Depuis que tu existes, as-tu commandé au matin? As-tu montré sa place à l'aurore ?*
- *As-tu pénétré jusqu'aux sources de la mer? T'es-tu promené dans les profondeurs de l'abîme?*
- *Es-tu parvenu jusqu'aux amas de neige? As-tu vu les dépôts de grêle,*
- *La pluie a-t-elle un père? Qui fait naître les gouttes de la rosée?*

3. Le monde invisible

(Job 38: 17, 18,19,22)

- *Les portes de la mort t'ont-elles été ouvertes? As-tu vu les portes de l'ombre de la mort?*
- *As-tu embrassé du regard l'étendue de la terre? Parle, si tu sais toutes ces choses.*
- *Où est le chemin qui conduit au séjour de la lumière? Et les ténèbres, où ont-elles leur demeure?*
- *Es-tu parvenu jusqu'aux amas de neige? As-tu vu les dépôts de grêle ?*

4. L'espace

(Job 38:31 - 37)

- *Noues-tu les liens des Pléiades, Ou détaches-tu les cordages de l'Orion?*
- *Fais-tu paraître en leur temps les signes du zodiaque, Et conduis-tu la Grande Ourse avec ses petits?*
- *Connais-tu les lois du ciel? Règles-tu son pouvoir sur la terre?*

- *Élèves-tu la voix jusqu'aux nuées, Pour appeler à toi des torrents d'eaux?*
- *Lances-tu les éclairs? Partent-ils? Te disent-ils: Nous voici?*
- *Qui a mis la sagesse dans le cœur, Ou qui a donné l'intelligence à l'esprit?*
- *Qui peut avec sagesse compter les nuages, Et verser les outres des cieux?*

5. La vie des animaux et des oiseaux

(Job 38:39,41 - 39:1, 2, 5, 8, 26-28)

- *Chasses-tu la proie pour la lionne, Et apaises-tu la faim des lionceaux ?*
- *Qui prépare au corbeau sa pâture, Quand ses petits crient vers Dieu, Quand ils sont errants et affamés?*
- *Sais-tu quand les chèvres sauvages font leurs petits? Observes-tu les biches quand elles mettent bas?*
- *Comptes-tu les mois pendant lesquels elles portent, Et connais-tu l'époque où elles enfantent?*
- *Qui met en liberté l'âne sauvage, Et l'affranchit de tout lien?*
- *Est-ce toi qui donnes la vigueur au cheval, Et qui revêts son cou d'une crinière flottante?*
- *Est-ce par ton intelligence que l'épervier prend son vol, Et qu'il étend ses ailes vers le midi?*
- *Est-ce par ton ordre que l'aigle s'élève, Et qu'il place son nid sur les hauteurs?*
- *C'est dans les rochersqu'il habite, qu'il a sa demeure, Sur la cime des rochers, sur le sommet des monts.*

Ce sont les diverses questions posées par Dieu à Job et dont il n'a trouvé aucune réponse même pas une petite et qui le fait avouer : « *Voici, je suis trop peu de chose; que te répliquerais-je? Je mets la main sur ma bouche. J'ai parlé une fois, je ne répondrai plus; Deux fois, je n'ajouterai rien.* » (Job 39:37-38)

Mais Dieu demanda encore à Job: « *Ceins tes reins comme un vaillant homme; Je t'interrogerai, et tu m'instruiras. Anéantiras-tu jusqu'à ma justice? Me condamneras-tu pour te donner droit?*» (Job 40 : 2-3)

Les gens qui pensent que Dieu n'existe pas Le condamnent ainsi mais Job, après ces questions posées par Dieu, a avoué : *« Je reconnais que tu peux tout, Et que rien ne s'oppose à tes pensées. Quel est celui qui a la folie d'obscurcir mes desseins? -Oui, j'ai parlé, sans les comprendre, De merveilles qui me dépassent et que je ne conçois pas* » (Job 42: 2 – 3)

Qu'est ce qui apporte vraiment la sagesse pour l'homme?

Job fit comme ceci: « *Écoute-moi, et je parlerai; Je t'interrogerai, et tu m'instruiras. Mon oreille avait entendu parler de toi; Mais maintenant mon œil t'a vu* » (Job 42 :4-5)

Mais le plus important dans ce que Job a dit est sa repentance disant : « *C'est pourquoi je me condamne et je me repens sur la poussière et sur la cendre* » (Job 42 :6)

L'homme est-il vraiment sage et Dieu a-t-il de la folie ?

Si cela existe alors la plus infime folie de Dieu est encore de loin plus grande que la plus grande sagesse de l'homme.

Mais l'homme n'atteindra jamais la sagesse de Dieu s'il demeure encore dans l'orgueil de son cœur en se considérant comme savant et connaissant toutes choses.

Néanmoins l'homme commence à avoir de la sagesse lorsqu'il constate qu'il est négligeable devant Dieu. Mais c'est par sentiment d'être insignifiant que Dieu l'élèvera et le bénira comme Il l'a fait avec Job. (Job 42 :12…)

Le livre des Proverbes a déjà enseigné concernant l'humilité en disant : « *La crainte de l'Éternel enseigne la sagesse, Et l'humilité précède la gloire* » (Proverbes 15 :33).

Souvent Jésus Christ a enseigné ses disciples sur l'humilité et ce qu'Il dit est presque semblable à ce que disent les Proverbes : « *Quiconque s'élèvera sera abaissé, et quiconque s'abaissera sera élevé* » (Matthieu 23 :12 – Luc 14 :11) Cette façon de penser est non atteinte par l'homme qui se place dans la nature pécheresse et totalement opposée à son point de vue.

VII. CONCLUSION

L'homme s'empresse de chercher ce qu'il pense faire son bonheur dans cette vie. Il utilise deux choses pour cela :

Premièrement, le développement de la technologie qu'il utilise pour augmenter rapidement les produits et accroître les revenus, posséder ainsi le plus de richesses possibles.

Deuxièmement, les plaisirs matériels dans tous les domaines tels le manger, le boire, et le sexe sans loi que les Ecritures appellent l'impudicité.

C'est ce que beaucoup de gens pensent être la sagesse suprême et la vie paisible la plus parfaite. Celui qui s'y adonne pas est rate beaucoup de choses.

Hélas ! Mais hélas car : « *Car la sagesse de ce monde est une folie devant Dieu* » (I Corinthiens 3 :19) car il est écrit : « *Il prend les sages dans leur propre ruse* » (Job 5 :13)

Dieu a déjà mis devant l'homme la voie de la vie et celle de la mort et Il lui a donné la liberté de choisir. Mais le diable a mis en évidence la large voie vers la perdition et la mort éternelle et beaucoup y entrent. Jésus l'a déjà dit clairement en Matthieu 7 :13 : « *Entrez par la porte étroite. Car large est la porte, spacieux est le chemin qui mènent à la perdition, et il y en a beaucoup qui entrent par-là* »

Quelle que soit la décision de chaque être humain, Dieu la respecte mais son jugement doit venir dans les derniers temps et cela achèvera l'histoire de la vie de l'homme sur terre. La Parole de Dieu doit être accomplie. La Parole de Dieu était vraie dans la période où elle était écrite, vraie du temps des Enfants d'Israël, vraie dans notre époque et sera toujours vraie dans les temps à venir, de génération en génération.

La parole de Dieu est également vraie en tout temps, vraie partout où l'homme se trouve dans le monde. La mentalité des gens et ce qu'ils pensent être la sagesse ne peuvent pas changer la beauté ni la vérité de la Parole de Dieu.

Quand nous lisons la Bible, nous verrons sa lumière, sa simplicité et surtout la force qu'elle détient impactant la vie. Les enfants sachant lire peuvent lire et comprendre ce qu'elle révèle, les jeunes peuvent comprendre et même expliquer, à plus forte raison les adultes qui en sont déjà imprégnés, ayant ressenti le goût de cette parole de Dieu. Parole de Dieu vraie, simple, fortifiante et surtout pleine d'amour. C'est ce que jésus a déclaré : « *Parole de vie* » et qui donne la vie en abondance. (Jean 10 :10). Pendant plus de deux mille ans maintenant, cette Parole de Dieu demeure, ayant une résonnance et un impact sur la vie des gens sans distinction, riches ou pauvres, où que ce soit sur terre.

Le plus triste est que beaucoup sont ceux qui ne font pas confiance à la Parole de Dieu, ne voulant pas vivre avec.

Cependant le Dieu qui a envoyé Jésus Christ sur terre est un Dieu vivant et Il désire donner la vie à tous les hommes sur terre mais seuls ceux qui croient en Lui peuvent avoir cette vie. « *Et voici ce témoignage, c'est que Dieu nous a donné la vie éternelle, et que cette vie est dans son Fils.* » (I Jean 5 :11) «*Celui qui a le Fils a la vie; celui qui n'a pas le Fils de Dieu n'a pas la vie* » (I Jean 5 :12)

Qu'est-ce qu'on peut encore dire à part cela ?

Le choix vous appartient !

I want morebooks!

Buy your books fast and straightforward online - at one of world's fastest growing online book stores! Environmentally sound due to Print-on-Demand technologies.

Buy your books online at
www.morebooks.shop

Achetez vos livres en ligne, vite et bien, sur l'une des librairies en ligne les plus performantes au monde!
En protégeant nos ressources et notre environnement grâce à l'impression à la demande.

La librairie en ligne pour acheter plus vite
www.morebooks.shop

KS OmniScriptum Publishing
Brivibas gatve 197
LV-1039 Riga, Latvia
Telefax: +371 686 204 55

info@omniscriptum.com
www.omniscriptum.com

Printed by Books on Demand GmbH, Norderstedt / Germany